共享出行
原则与实践

SHARED MOBILITY
CURRENT PRACTICES AND GUIDING PRINCIPLES

美国交通部　　　　　著　　路　熙　　译
联邦高速公路管理局　　　　陈徐梅
　　　　　　　　　　　　　杨新征

人民交通出版社股份有限公司
China Communications Press Co.,Ltd.

内 容 提 要

本书由FHWA（美国交通部联邦高速公路管理局）研究人员编写，由交通运输部科学研究院城市中心组织翻译，对共享出行的概念、原则等进行了详细的介绍，并加以实例，系统地对共享出行这一新型出行方式进行了深入剖析与解读。

本书适合共享出行领域的研究人员阅读使用。

图书在版编目（CIP）数据

共享出行：原则与实践 / 美国交通部联邦高速公路管理局著；路熙，陈徐梅，杨新征译 . — 北京：人民交通出版社股份有限公司，2018.12

ISBN 978-7-114-15086-9

Ⅰ.①共… Ⅱ.①美…②路…③陈…④杨… Ⅲ.①城市交通运输—交通运输管理—研究 Ⅳ.① F57

中国版本图书馆 CIP 数据核字（2018）第 242380 号

书　　名	共享出行　原则与实践
著 作 者	美国交通部联邦高速公路管理局
译　　者	路　熙　陈徐梅　杨新征
责任编辑	姚　旭
责任校对	张　贺
责任印制	张　凯
出版发行	人民交通出版社股份有限公司
地　　址	（100011）北京市朝阳区安定门外外馆斜街3号
网　　址	http://www.ccpress.com.cn
销售电话	（010）59757973
总 经 销	人民交通出版社股份有限公司发行部
经　　销	各地新华书店
印　　刷	中国电影出版社印刷厂
开　　本	720×960　1/16
印　　张	7.5
字　　数	113千
版　　次	2018年12月　第1版
印　　次	2018年12月　第1次印刷
书　　号	ISBN 978-7-114-15086-9
定　　价	50.00元

（有印刷、装订质量问题的图书由本公司负责调换）

注

本书由美国运输部组织发布，用于知识信息交流。美国政府对使用本书所包含的信息内容不承担任何责任。

美国政府对产品或制造商不做担保。本报告中如出现商标或制造商的名称，仅因为它们被认为对于实现本书目标来说至关重要。

本书的内容仅反映作者的观点，他们对本书所提供数据的事实性和准确性负责。内容并非一定反映美国交通运输部的官方政策。

本书并不构成标准、规范或规定。

质量保证声明

美国联邦公路管理局（FHWA）提供高质量信息，以促进公众对政府、行业和公众服务的了解。文中尽可能地保证使用标准和政策的客观性、实用性和完整性。美国联邦公路管理局定期审查报告的质量、调整计划和流程，以确保报告质量改进。

封面图片由 Booz Allen Hamilton 公司提供。

译 者 序

共享经济已经渗透到国人生活的方方面面，改变着人们的衣食住行。根据《中国共享经济发展报告2017》统计数据，2016年我国共享经济市场交易额达3.45万亿元，同比增长103%，预计2017年将达到4.5万亿元。据国家信息中心统计，在城市客运领域，2017年交通出行领域共享经济交易规模达到2010亿元，增长率56.8%，成为共享经济活动的"主力军"之一。2010年，共享出行在我国开始起步。从滴滴打车等企业纷纷获得巨额融资开始，网络预约出租汽车（以下简称"网约车"）在补贴大战中迎来了快速的发展。2016年，共享单车热潮来临，不久共享汽车也进入用户视野。共享出行项目如雨后春笋般涌现，在全球共享经济十大独角兽企业名单中，共享出行占据4席。共享出行更好地满足了公众多样化、多层次出行需求，对于提高交通资源利用效率、提升供给质量和服务体验发挥了积极作用，也是实施供给侧机构性改革的有效手段。展望未来，共享出行将向更广领域、更深层次发展。

然而，共享出行的快速发展也带来了资本驱动下的新业态发展冲击市场秩序、消费者权益缺少保障等问题。相对中国，北美的共享出行领域发展起步早（自1994年），发展程度较高，在解决安全、税收、保险、通行权、公平性等共享出行发展的核心问题方面积累了宝贵的经验教训和成功实践案例，对我国共享出行发展具有重要的参考意义。因此，译者与本书版权所有方美国交通部联邦高速公路管理局联系获得译著授权，意在和读者共同学习探讨共享出行未来发展的方向，提升政府和公共机构管理能力，不断完善发展环境，推进共享出行健康有序发展。

全书共分 6 章，分别为引言、共享出行服务概述、共享出行影响、公共机构在共享出行中的作用、经验教训和未来挑战、公共机构的指导原则。全书以全面提升共享出行行业供给能力和管理水平为目标，围绕共享出行发展原则和实践，系统总结梳理了共享出行自诞生以来至 2015 年在北美的发展情况，对共享汽车、共享自行车、合乘出行、网约车等共享出行各细分领域的发展目标、管理内容、企业和公共机构职责等方面进行了系统的分析并提出具体建议，为我国共享出行的规划和管理提供了多角度的线索。希望通过借鉴参考，能够帮助我国交通运输管理部门和企业进一步寻求适合于我国的共享出行发展理念、战略和路线，以期早日转化为应对共享出行发展挑战的具体方案措施。为充分尊重原著，本书沿用了原著中的术语，图表也尊重原著的绘制及排版方式。

本书译者来自交通运输部科学研究院城市交通与轨道交通研究中心，由路熙、陈徐梅、杨新征负责统稿。各章译者如下：第 1 章，路熙、李超、廖凯、胡昊；第 2 章，尹志芳、尹怡晓、郝萌、宋伟男、姚伟国；第 3 章，陈徐梅、高畅、刘洋、杜云柯；第 4 章，杨新征、孙胜阳、宜毛毛、李香静、李晓菲；第 5 章，路熙、刘悦、宋晓敏、梁成；第 6 章，陈徐梅、李松峰、胡雪菲、王洋。本书的出版得到了人民交通出版社股份有限公司的大力支持！由于译者水平有限，本书有不足之处，敬请广大读者批评指正。

译　者

2018 年 4 月

著 者 序

共享出行——汽车、自行车或其他模式的共享使用是一项创新性的交通运输策略，是一种使得用户能够按需在短时间内获得交通运输服务的模式。共享出行包括共享汽车、共享自行车、汽车合乘（拼车）以及其他按需乘坐服务。共享出行也可以包括替代性交通运输服务，例如辅助客运、班车和私人化公交服务（微型客运），这些服务可以补充固定路线的公共汽车和轨道交通服务。随着出行选择的进一步多样化，能够整合这些出行方式并为出行者优化路线的智能手机应用程序（APP）也在快速发展。除了这些创新性出行方式外，新型货运交通方式也正在出现。这些快递网络服务很可能改变包装行业、食品运输行业和广义交通运输网络的性质。共享出行通过增强交通运输可达性、同时减少私人汽车的使用量和存量，正在许多全球化城市产生变革性影响。

在共享汽车和共享自行车的背景下，汽车和自行车通常无人值守，并且集中停放在某一位置，而信息和通信技术（ICT）等创新技术能够促进汽车或自行车的租赁交易。通常情况下，共享汽车和共享自行车运营商承担维护、存储、停放、保险及燃料（如适用）等成本。除了提供合乘出行（拼车）服务、网约车服务（例如 Lyft 和 uberX）以及其他基于 APP 的出租车服务（例如 Curb、Flywheel）外，许多提供商还使用信息和通信技术，来促进乘客和驾驶员之间的匹配。

共享出行对环境、社会和交通运输相关方面的很多益处已被广泛报道。一些研究表明共享出行模式对减少车辆保有量、使用量和行车里程方面具有积极影响。节约成本和增加便利性也经常被列为交通共享化的普遍原因。共享出行还可以扩大公共交通的下游服务范围，解决与公共交通衔接的"起始一公里"和"最后一公里"问题，来帮助缩小现有交通运输服务网络的缺口，并促进出行方式整合。共享出行还可以通过节约出行成本、提升公共交通枢纽附近经济活力、拓展传统公共交通运输方式无法延伸到的出行点，提高可达性等方式实现地区经济效益的提升。

本书首先介绍了共享出行的发展背景，随后依次讨论了政府的职责，回顾了发展的成功实践案例，总结了经验教训，探讨了未来面临的挑战，并提出解决方案，最终提出公共机构的指导原则。本书旨在概述对共享出行这一新兴领域的理解，可以预见在今后数年内，共享出行仍将会不断进步和发展。建议读者持续跟踪相关研究并开展分析，以支持未来的综合交通规划和决策。

著　者
2016 年 4 月

SI（国际单位制）换算系数

对非 SI 单位进行近似换算				
单位符号	单位	换算系数	单位	单位符号
长度				
in	英寸	25.4	毫米	mm
ft	英尺	0.305	米	m
yd	码	0.914	米	m
mi	英里	1.61	千米	km
面积				
in^2	平方英寸	645.2	平方毫米	mm^2
ft^2	平方英尺	0.093	平方米	m^2
yd^2	平方码	0.836	平方米	m^2
ac	英亩	0.405	公顷	ha
mi^2	平方英里	2.59	平方千米	km^2
体积				
fl oz	液体盎司	29.57	毫升	mL
gal	加仑	3.785	升	L
ft^3	立方英尺	0.028	立方米	m^3
yd^3	立方码	0.765	立方米	m^3

注：大于 1000 升的体积应采用立方米来表示。

质量				
oz	盎司	28.35	克	g
lb	磅	0.454	千克	kg
T	美吨（2000 磅）	0.907	兆克（或者"公吨"）	Mg（or "t"）
温度				
°F	华氏度	5（°F -32）/9 或（°F -32）/1.8	摄氏度	℃
照明				
fc	尺烛光	10.76	勒克斯	lx
fl	英尺朗伯	3.426	坎德拉/平方米	cd/m^2
作用力和压力或应力				
lbf	磅力	4.45	牛顿	N
lbf/in^2	磅力/平方英寸	6.89	千帕	kPa

续上表

单位符号	单位	换算系数	单位	单位符号
对非SI单位进行近似换算				
长 度				
mm	毫米	0.039	英寸	in
m	米	3.28	英尺	ft
m	米	1.09	码	yd
km	千米	0.621	英里	mi
面 积				
mm^2	平方毫米	0.0016	平方英寸	in^2
m^2	平方米	10.764	平方英尺	ft^2
m^2	平方米	1.195	平方码	yd^2
ha	公顷	15	亩	ac
km^2	平方千米	0.386	平方英里	mi^2
体 积				
mL	毫升	0.034	液体盎司	fl oz
L	升	0.264	加仑	gal
m^3	立方米	35.314	立方英尺	ft^3
m^3	立方米	1.307	立方码	yd^3
质 量				
g	克	0.035	盎司	oz
kg	千克	2.202	磅	lb
Mg（or"t"）	兆克（或者"公吨"）	1.103	美吨（2000磅）	T
温 度				
℃	摄氏度	1.8℃+32	华氏度	°F
照 明				
lx	米烛光	0.0929	尺烛光	fc
cd/m^2	坎德拉/平方米	0.2919	英尺朗伯	fl
作用力和压力或应力				
N	牛顿	0.225	磅力	lbf
kPa	千帕	0.145	磅力/平方英寸	lbf/in^2

SHARED MOBILITY CURRENT
PRACTICES AND GUIDING PRINCIPLES

目 录

第1章 引言 1
  1.1 背景 1
  1.2 如何使用本书 4
  1.3 本书概述 4
  1.4 本书中所使用的关键术语 5
  本章参考文献 7

第2章 共享出行服务概述 8
  2.1 介绍 8
    劳动者和消费者趋势 8
    技术趋势 9
  2.2 共享出行服务选项 11
    基于会员制的自助服务模式 12
    P2P 服务模式 14
    非会员制自助服务模式 16
    出租服务模式 17
    公共交通服务 19
  本章参考文献 20

第3章 共享出行影响 22
  3.1 共享汽车 22

共享出行 原则与实践

　　3.2　共享自行车 ·· 25

　　3.3　合乘出行 ·· 28

　　3.4　网络预约出租汽车 ·· 28

　　本章参考文献 ·· 29

第4章　公共机构在共享出行中的作用 ·································· 31

　　4.1　健康、安全和消费者保护 ······································ 33

　　4.2　税收 ·· 35

　　4.3　保险 ·· 38

　　　　共享汽车 ·· 38

　　　　个人对个人（P2P）共享汽车 ··································· 39

　　　　共享自行车 ·· 39

　　　　合乘出行 ·· 40

　　　　出租汽车驾驶员法 ·· 40

　　4.4　停车和通行权 ·· 43

　　　　共享汽车 ·· 43

　　　　公共自行车 ·· 45

　　　　高科技公司班车 ·· 45

　　4.5　标牌和广告 ·· 46

　　4.6　出行方式整合 ·· 47

　　4.7　规划过程 ·· 50

　　4.8　数据共享、隐私和标准化 ······································ 51

　　4.9　可达性和公平性问题 ·· 52

　　　　保证低收入群体获得服务 ······································ 53

　　　　老年人出行 ·· 53

　　　　保证残疾人获得服务 ·· 54

　　4.10　结论 ··· 54

　　本章参考文献 ·· 55

第 5 章　经验教训和未来挑战 ·········62
5.1　一致的公共与私营部门的标准和定义 ·········63
5.2　研究提出用于衡量共享出行对经济和出行行为影响的指标、模型、规划平台以及方法 ·········64
5.3　认可共享出行作为运输政策和规划的重要组成部分 ·········66
5.4　鼓励出行方式整合 ·········68
5.5　确保所有交通运输用户共享模式的可达性和公平性 ·········69
5.6　保险条例、可获得性和负担能力 ·········72
5.7　平衡数据共享和隐私性 ·········73
5.8　结论 ·········73
本章参考文献 ·········74

第 6 章　对公共机构的指导原则 ·········76

附录 A　表格 ·········79
附录 B　词汇表 ·········101
致谢 ·········106

第 1 章 引　　言

第 1 章　引　　言

1.1　背景

社交网络、基于位置信息的技术服务、互联网以及移动科技的进步，促进了共享经济发展（也称为 P2P 共享、网络经济和协同消费）。共享经济是基于租赁和借用商品服务的一种经济现象。共享可以发生在个人之间（例如：社区驾驶员、P2P 共享汽车、共享自行车）或者通过运营企业直接提供（共享汽车运营商）。发展共享经济的益处包含提高效率、节省成本、充分利用未充分发掘的资源、提高社会和环境效益等。

共享经济的发展可追溯到二十世纪九十年代末的互联网热潮。早期的网站例如 eBay、Craigslist 以及 PayPal 的设立，使个人业主能够联系到全球客户市场。例如网络文件共享 Napster，其通过网络实现文件个人对个人（P2P）共享的模式，

共享出行 原则与实践

是二十一世纪初最杰出的共享模式之一。技术进步还促进了消费和金融交易模式的变化，这些进步也更广泛地促进了社会对资源认知的转变。

而技术进步以及2007—2009年的经济衰退，驱使许多个人和家庭重新考虑共享资源得用的方式。在二十世纪末，出现了许多共享模式例如P2P（如Airbnb公司）、互联网众筹（Kickstarter公司）以及共享出行市场（Getaround公司）。共享经济概念公司的市场估值范围从几亿美元到几十亿美元不等：

- 2011年4月，一家提供短期（按小时）车辆分时租赁服务的共享汽车公司 Zipcar 首次公开募股（IPO）就募集了1.74亿美元，估值达12亿美元（Ovide，2011年）。2013年1月Avis Budget集团公司以5亿美元的价格收购了Zipcar（Tsotsis，2013年）。
- 截至2014年12月，提供门到门服务的网约车平台Uber公司估值达412亿美元（Picchi，2015）。在2012年中到2014年底，该公司就发展到拥有16万名以上的网约车驾驶员（Hall & Krueger，2015）。仅仅一年以后，Uber的价值就高达700亿美元。
- 截至2015年3月，通过网站提供、查找和租赁住宿服务的Airbnb估值达到200亿美元（Saitto，2015）。全球每晚从Airbnb上租赁房间的人数平均达425000人（Stein，2015）。

共享汽车、自行车或其他低速运输模式的共享出行是分享经济的一个方面。共享出行使得用户能够按需获得短期运输服务，且无须获得所有权。共享出行包括汽车分时租赁、个人汽车共享（即P2P共享汽车和部分产权共享）、共享自行车、共享摩托车、合乘出行以及其他按需乘车服务，例如班车服务、辅助客运、微公交等替代性运输服务模式形成了对固定路线的公交汽车和轨道交通服务的补充。共享出行还包括网络预约出租汽车，例如Lyft和Uber、汽车合乘出行（例如Uber Pool和Lyft Line，乘客分开乘坐并支付车费）以及电召出租汽车（具备APP召车服务的出租汽车）。此外，快递网络服务（CNS）或自由送货服务也包含在此分类中。快递网络服务通过在线应用程序和平台实现在线支付，并将个人车辆与配送需求（食品、包裹）联系起来，实现共享出行服务。

第1章 引 言

在北美，第一个共享汽车和共享自行车计划在1994年推出。自那时起，共享出行业务迅速增长。一些数据如下。

- 截至2015年7月，加拿大共有20项共享汽车计划，美国有22项，墨西哥有1项，巴西有1项。在美洲大约有1530190名共享汽车会员正在使用25574辆汽车，包括提供单程和往返共享汽车服务的运营商，不包括P2P个人汽车共享（Shaheen & Cohen，未发布数据）。
- 截至2015年10月，美国共有87个基于互联网技术的共享自行车计划、3200个停车站点、30750辆自行车，服务于3个用户群，即长期会员（含年度或月度会员）、短期会员（拥有1~30天使用权的短期自行车用户）以及临时用户（用户使用支付钥匙实现短期使用）（Meddin，未发布的数据）。
- 截至2011年7月，互联网研究发现，在北美约有638个合乘出行服务项目。统计包括在线合乘出行（大多数基于互联网）、离线合乘出行以及厢式客车合乘计划。由于在人烟稀少的农村地区使用率很低，因此，农村地区不在这项研究范围内。研究对拥有自主的合乘车匹配网站但同时使用公共平台的机构进行了分开统计，研究显示共有401个合乘车服务项目位于美国，261个位于加拿大（24个横跨这两个国家）（Chan和Shaheen，2011年）。

近年来，由于技术进步和社会经济不断发展对交通运输、汽车保有量和城市生活方式的影响，共享出行迅速发展起来。

而经济、环境和社会的力量将共享出行的发展逐渐从边缘推向主流，其在城市交通中所起到的作用已经成为当下热门话题。

美国联邦公路管理局（FHWA）在认识到这一现象后，推出《共享出行：原则与实践》一书。该书由23名专家和从业人员撰写，并对这本书进行了专业评审，于2015年6月召开为期一天的研讨会，汇集了北美各地的"思维领袖"，就共享出行的发展和如何帮助公共机构制订相应支持性政策进行了探讨。然而，需要注意的是：共享出行作为一个快速发展的领域，需要持续地进行跟踪研究和评估。在撰写本书时，他们只提出了对当时行业发展的理解。

1.2 如何使用本书

本书对于想要更多了解共享出行的个人、公共机构以及有兴趣将共享出行融入其交通运输网络的地区而言具有一定价值，可为地方政府和公共机构发展和管理共享出行提供参考。

建议：

- **可作为了解共享出行发展的参考书**。用于回顾北美地区推广共享出行过程中遇到的经验教训、机遇、挑战和最佳实践。了解什么是实施共享出行的关键指导原则。附录A包括帮助制定政策的关键数据表，附录B包括相关术语表。也可在交通运输战略规划制定中使用本书。了解共享出行如何影响交通拥堵、空气质量、污染物排放和停车，如何增强交通可达性和流动性。
- **可作为辅助制定相关公共政策的参考书**。用于了解共享出行带来的风险和机会，了解如何把握共享出行发展的机遇并管理随之而来的风险。

1.3 本书概述

如上所述，本书概述了公共机构在运输规划中促进共享出行发展的实践案例、经验教训和指导原则。分为以下章节。

- 第1章 引言。对本书进行了介绍和概述。
- 第2章 共享出行服务概述。梳理了关于共享出行服务的定义及分类的现有文献。
- 第3章 共享出行影响。回顾了北美共享出行发展影响，包括共享汽车、共享自行车、合乘出行、网约车。
- 第4章 公共机构在共享出行中的作用。介绍了地方和地区政府及公共机构对共享出行的影响。具体包括健康、安全、消费者保护；税收；保

 第1章 引　　言

险；停车和出行权；标牌和广告；出行方式整合；规划过程；数据共享；数据隐私；标准；可达性等。

◆ 第5章　经验教训和未来挑战。回顾对共享出行的共同挑战、成功经验、实践案例并提出发展建议。具体包括公共和私营部门的定义；政府在共享经济中的作用；将共享出行作为交通运输政策制定和规划的组成部分；出行方式整合；通过建立指标、模型、规划平台评估共享出行对经济和交通的影响；可达性和公平性问题；消费者保护；保险；数据共享和隐私保护。

◆ 第6章　对公共机构的指导原则。总结并提出了公共机构寻求将共享出行融入交通运输网络有关的指导原则。

1.4　本书中所使用的关键术语

本书中通篇使用了一些关键术语。本书的附录B提供了完整的词汇表。

替代公共交通服务：替代公共交通服务分类范畴很广，包括班车（连接乘客与公交系统或就业中心的共享车辆）、辅助公交以及私营公交解决方案，即通常所称微公交。

共享自行车：在共享自行车系统中，用户根据需求选择单程（点对点）出行或往返行程租用的自行车。固定站点的共享自行车出租点通常无人值守，其集中在城市，提供单程共享服务（用户可以将自行车退还至任意出租点）。无桩共享自行车为用户提供了退还自行车至预定义区域内任意位置的服务功能（共享自行车服务一般会提供多个取车和还车点）。大多数共享自行车运营商承担自行车维护、存储以及停放的成本。一般来说，会员费中包括每次前30分钟的免费骑行。用户以年卡、月卡、日卡或者次卡出行的方式加入，享受会员服务。

共享出行 原则与实践

共享汽车：在共享汽车模式下，个人可以临时存取车辆，无须承担所有权成本和相关责任。通常情况下，个人通过加入相应的组织来存取车辆，该组织负责维护部署在社区、公共交通站点、就业中心、高等院校内的汽车和轻型货车。通常情况下，共享汽车运营商提供保险、汽油、停放和维护。一般来说，用户每次使用车辆时应支付一笔使用费。

快递网络服务（CNS）：快递网络服务也被称作灵活货物配送。它们通过在线应用程序或平台（网站或智能手机APP）提供出租配送服务，通过使用私人小汽车、自行车或摩托车将快递员与货物（包裹、食物）联系起来。虽然这个领域的商业模式仍在发展中，但是有两种通常模式已经出现，即P2P送货服务以及配对按需乘坐和快递服务。

微公交：私人拥有并运营的共享出行系统，服务可以按照固定的路线和时间表，也可以根据灵活的运输路线及按需调度时间表，所用车辆一般包括轻型客车和公共汽车。

网约车：网约车公司[也被称作交通运输网络公司（TNC）]通过提供预定和按需交通运输服务，将私人汽车驾驶员与乘客联系起来。智能手机移动软件可以方便用户预订、开展服务评价（对驾驶员和乘客）和电子支付。网约车服务还可以包括"合乘出行"服务，用户拼车出行并分摊费用。

摩托车共享：摩托车共享的用户可以获得私家摩托车或社区电动车（NEV）提供的优质服务，而无须承担获得所有权所需的费用和相关责任。通常情况下，个人通过加入分布各地点的摩托车和电动车组织来存取摩托车和电动车。通常情况下，运营商负责提供充电或燃油供给、停放和维护。一

 第1章 引　言

般来说，租车人每次使用摩托车/电动车时都要支付一笔费用。租车服务包括往返、单程两类。

共享出行：该术语是指共同使用机动车辆、自行车或其他低速模式的车辆完成出行。

本章参考文献

Chan, N., & Shaheen, S. (2011). Ridesharing in North America: Past, Present, and Future. Transport Reviews, 1–20.

Hall, J., & Krueger, A. (2015). An Analysis of the Labor Market for Uber's Driver-Partners in the United States. 1–27.

Ovide, S. (2011, April 14). Zipcar IPO Soars 66% Out of the Gate. Retrieved from The Wall Street Journal: http://blogs.wsj.com/deals/2011/04/14/zipcar–ipo–soars–66–out–of–the–gate/

Picchi, A. (2015, January 22). Uber raises $1.6 billion to speed expansion. Retrieved from CBS News: http://www.cbsnews.com/news/uber–raises–1–6–billion–to–speed–expansion/

Saitto, S. (2015, March 1). Airbnb Said to Be Raising Funding at $20 Billion Valuation. Retrieved from Bloomberg: http://www.bloomberg.com/news/articles/2015–03–01/airbnb–said–to–be–raising–funding–at–20–billion–valuation

Stein, J. (2015, February 9). Some French Guy Has My Car. Time, pp. 33–40.

Tsotsis, A. (2013, January 2). Car Rental Company Avis To Buy Zipcar For $500 Million. Retrieved from Tech Crunch: http://techcrunch.com/2013/01/02/avis–to–buy–zipcar–for–500–million/

第 2 章　共享出行服务概述

2.1　介绍

共享出行正在通过增强交通运输可达性、增加出行多样化以及在一定程度上减少车辆保有量和行车里程等方式给城市带来变革性的影响，为人们提供新型客运和货运服务方式。目前，共享出行的发展和主流化进程主要受劳动者、消费者、技术等趋势的影响。

劳动者和消费者趋势

不断变化的劳动者趋势正在影响交通运输行业和居民出行。近年来，越来越多的兼职人员正在改变他们的出行计划表，使得传统的早晚高峰通勤时间交通量更加难以预测（McClatchy Tribune 服务公司，2013 年）。此外，出行行为也在显著变化，例如更多的人选择远程办公、在线购物以及远程医疗等，都表明交通出行正在发生显著转变。视频会议、即时消息（IM）、虚拟专用网络（VPN）、协同调度、屏幕共享以及云计算等信息技术的进步正在增加远程办公的频率和强度。

同样，在线商务迅速增长，在零售活动中的比例越来越高。美国人口普查报告表明，2015 年第一季度电子商务零售销售额为 802.6 亿美元，占全部零售额的 7%。由 Safeway、Instacart、Amazon Fresh 以及 Uber EATS 等公司提供的新型食品和杂货送货服务，将会减少市区内传统杂货和食品的运输数量。根据市场研究公司 Packaged Facts 的调查，大约十分之三的消费者在过去 12 个月内订购了不包括食品在内的同日送达快消商品（Packaged Facts，2015 年）。

远程医疗作为一种新兴发展趋势，可能改变人们的非工作出行，尤其是非自由支配出行。通过与患者进行视频会议、电子传输诊断图像、患者生命体征远程监控、医学在线继续教育、护理呼叫中心以及基于网络的应用程序等新工具的应用，远程医疗也将会减少一些出行需求。

此外，人们越来越多地选择租用汽车服务（例如出租汽车、网约出租汽车和微公交工具）以及更多地依赖即时配送平台，例如快递网络服务和企业对客户（B2C）配送模式（如亚马逊和Ebay），都正在影响出行行为。将这些服务与实时信息和移动技术相结合，鼓励人们更多选择动态出行规划、按需实时客运和货运方式。

技术趋势

越来越多的人使用智能手机、基于互联网的技术和智能交通运输系统（ITS）技术的普及以及车联网的大规模市场化，都有助于共享出行效率的提高[①]。近年

[①] 智能交通运输系统（ITS）通过应用先进的电子信息、通信以及传感器等技术改善道路运输安全性、效率以及服务水平。其中许多创新集中在提升车对车（V2V）和车对基础设施（V2I）的关联性。根据美国公路交通安全管理局的研究，V2V 和 V2I 的实施有可能避免 80% 的未受干扰下的事故发生（智能交通运输系统联合计划署，未注明日期）。

来，越来越多的智能手机和互联网的平台投入使用，促进了共享出行及出行方式的整合。Pew研究中心发现：截至2014年1月，美国成年人中90%的人使用手机，其中58%的人使用智能手机。截至2013年5月，63%的美国成年人手机用户使用手机上网，其中34%的人主要使用智能手机上网（Pew研究中心，2014年）。根据这项研究，74%的成年人使用手机获取导航信息或其他基于定位的服务。65%的智能手机用户表示：他们在开车时接受路线建议导航或有关指示，而15%的人则表示经常这样做。截至2012年4月，Pew研究中心调查发现：20%的手机用户在过去30天内收到过通过移动设备获得的实时交通信息或公共交通信息。

随着智能交通运输系统、全球定位系统（GPS）、无线技术、云技术等技术可获取性、综合性能和成本可负担性的日益提升，以及数据可用性和共享能力的快速发展，人们越来越多地使用智能手机中的出行APP来满足其出行需求。而非接触式支付技术（例如近场通信、低功耗蓝牙、VISA PayWave 付款以及苹果支付）的发展、越来越多的应用程序提供编程接口（API）都将有助于数字钱包（通过无纸化和联合支付方式来实现）的发展，并将促进出行方式整合、出行规划和出行预订系统的发展。

 第 2 章 共享出行服务概述

另外，使用激励机制（提供积分、折扣或抽奖）和加入游戏机制（在非游戏环境中加入游戏设计元素）也是促进智能交通应用程序终端用户增长的关键因素。而实时信息（拥堵状况、停车信息、公共交通服务等）逐渐提升的可用性将不断影响人们出行方式及路线的选择。总的来说，这些技术正在导致出行活动中"智能出行消费者"的出现，这部分人可以通过整合来自多方面的信息，作出更明智的出行决策。

当对交通基础设施的需求压力接近或超过其供给能力时，以上这些技术随之出现。拥堵蔓延、停车供给短缺以及公众对现有出租汽车服务的不满，使得出行者开始寻找创新技术和服务，以应对这些出行方面的挑战。其中许多技术既可独立使用，也可以与智能交通运输系统结合使用，目的一般包括节省出行时间（通过使用 HOV 车道[①]）和节省资金（通过提供低成本出行选择的实时信息）。

2.2 共享出行服务选项

共享出行已经成为城市交通运输网络的重要组成部分，共享出行的具体形式多样，包括公共交通、出租汽车、班车、共享汽车、共享自行车以及其他按需乘坐和送货服务。从根本上来说，这些服务可以分为五类：（1）基于会员制的自助服务模式；（2）P2P 自助服务模式；（3）非会员制自助服务模式；（4）出租服务模式；（5）公共交通系统。也有学者将共享出行按照"顺序服务模式"（由一位用户使用后再由另外一位用户使用，例如共享自行车和共享汽车）和"并发服务模式"（同一时间由多人共享，例如微公交、合乘出行）进行区分（TRB，2015 年）。本章内容整理了截至 2015 年 12 月的关于共享出行服务定义和分类相关内容的研究。

共享出行包括各种服务模式和交通模式，以满足用户的不同需求。本章展示了一些传统和创新服务（图 1），并定义了五种服务模式和各类服务所提供的具体方式（图 2）。与已有核心出行服务相比，共享出行可以被看作是创新服务（图 1），还可以被理解为是多种服务方式的总称（图 2）。例如，共享出行服务可以是基

---

① HOV 车道，又称共乘车道或多乘员车道。

于会员制的、非基于会员制的、P2P 或者出租方式的。图 1 和图 2 分别提供了现有和创新服务的列表以及各类服务的细化分组。

核心服务及现有服务		创新服务
➢ 汽车出租 ➢ 电召出租汽车 / 豪华轿车 ➢ 辅助客运 ➢ 载客三轮车 ➢ 公共交通 ➢ 班车 ➢ 出租汽车	➢ 小汽车合乘 ➢ 厢式客车合乘 ➢ 临时合乘	➢ 共享自行车 ➢ 共享汽车 ➢ 快递网络服务 ➢ 网约出租汽车（网约车） ➢ 高科技公司班车 ➢ 微公交 ➢ P2P 共享自行车 ➢ P2P 共享汽车 ➢ 摩托车共享

图 1　核心服务、现有服务和创新服务

基于会员制的自助服务模式	P2P 自助服务模式	非会员制自助服务模式	出租服务模式	公共交通系统
➢ 共享自行车 ➢ 共享汽车 ➢ 合乘出行 ➢ 摩托车共享 ➢ 厢式客车合乘	➢ 共享自行车 ➢ 共享汽车	➢ 共享自行车 ➢ 汽车出租 ➢ 临时合乘	➢ 快递网络服务（CNS） ➢ 电召出租汽车 / 豪华轿车 / 三轮车 ➢ 网约出租汽车	➢ 公共交通运输 ➢ 微型和替代性公交服务（包括微公交、辅助客运以及班车）

图 2　共享出行服务模式

基于会员制的自助服务模式

基于会员制的自助服务模式包括五个共同特征：

（1）参与者应加入一个会员组织；

（2）提供共享的汽车、自行车、摩托车或其他低速交通工具；

（3）服务方式包括依托分散的固定网络站点提供往返或单程出行服务，或者提供在固定地理边界范围内，具有灵活出发和到达位置的共享出行服务；

（4）通常在一小时或更短时间内的短期取还车辆；

 第 2 章 共享出行服务概述

（5）需要自助取还车辆。

模式包括往返服务（将机动车、自行车或其他低速交通车辆退还取车点）、单程固定站点服务（将车辆、自行车或其他低速交通模式退还不同预先指定的站点）以及单程自由模式（可以将机动车、自行车或其他低速交通车辆退还到地理区域内任何地方）。除了单程和往返服务模式以外，会员制自助服务还包括向公众提供服务的"开放系统"和向大学校园用户、综合公寓楼居民以及特定雇主或办公园区雇员提供服务的"封闭式社区系统"。具体请参阅以下基于会员制的自助服务模式所包含内容的详细说明。

共享自行车

- 基于信息技术的公共共享自行车于 2007 年在美国俄克拉荷马州塔尔萨首次推出。随后，在加拿大和美国陆续出现。2011 年，北美共享自行车经历了近似指数级的增长。

- 共享自行车用户可根据需要来存取自行车。出行可以是点对点单程或往返，即允许自行车用于单程运输或作为出行方式整体中的一环（起始一公里和最后一公里行程、远途行程）。基于站点的自行车共享出租点通常无人看守，集中在城市，并提供基于站点的单程出行服务（可以将自行车返还到任何停靠位置）。无桩共享自行车为用户提供获取并将自行车返还到预定地理区域内任何位置的服务。共享自行车服务提供取车和还车地点、实现按需出行和低排放出行。

- 除了向大部分公众提供公共自行车系统以外，封闭的服务系统则越来越多地部署在大学校园和办公所在地。这些封闭式系统仅对特定的用户群体服务。

- 除了这些创新模式之外，共享电动车也应运而生。电动车具有电动机，可减少乘客所消耗的体力。这些电动车面向踩蹬传统自行车有困难的个人及穿着正装避免出汗的个人等群体使用。电动车还可以延长行驶距离，并且在陡峭地形等不同地形区域实现共享服务。

- 大多数共享自行车运营商负责自行车维护、存储和停放的费用。一般来说，会员费内包括每次使用不低于 30 分钟的骑行时间服务。用户可以通过会员身份（通常以年度、季节或每月为单位）或者作为临时用户（例如通常以每天或每次骑行为单位）存取共享自行车。共享自行车用户可以通过使用信用卡、会员卡、钥匙或者移动电话（2015 年 10 月加入 BCycle 和 RideScout 中的一项新功能）在任何停放处挑选自行车。并将自行车放回指定范围的任何停放点（或往返行程服务中的同一停放点），并结束行程。

- 在 2015 年 6 月，西雅图市申请数百万美元的资金，以扩大该市 Pronto 共享自行车（包含部分电动车）计划。同样，在 2015 年 9 月，加拿大 Bewegen 公司在亚拉巴马州伯明翰推出电动共享自行车。该系统包括 40 个站点、约 400 辆自行车和 100 辆电动车（Staff, 2015）。

- 2012 年对 20 个美国共享自行车计划的调查发现：每日通行证的平均成本为 7.77 美元，所有项目提供首次当日 30 分钟免费骑行。12 项计划每月会员费平均为 28.09 美元。其中 18 项计划提供年度或季度会员费，平均成本为 62.46 美元。（Shaheen S.、Martin、Cohen 和 Pogodzinski, 2014）

共享出行 原则与实践

共享汽车

- 共享汽车于1994年在加拿大发起，随后于1998年在美国各地广泛开展。个人使用者可以获得私人车辆带来的便利，而无须承担获得所有权的成本和其他部分相关责任。

- 通常情况下个人通过加入一个组织来存取车辆，该组织负责维护部署在社区、公共交通站点、就业中心和大学内的轿车及轻型货车，有时也将汽车部署在路边停车位。通常情况下，共享汽车运营商负责保险、汽油、停放以及维护费用。一般来说，参与者每次使用车辆时都需要支付费用。

- 服务模式可以包括往返共享汽车（车辆返还到原地）、基于车站的单程共享（车辆退还到不同指定的共享汽车还车位置）以及单程无桩共享（车辆返回地理区域内的任何地方）。

- 2005年美国往返共享汽车运营商调查结果显示：驾驶一辆共享汽车50英里的平均成本为24美元，4小时上涨到28美元，6小时31美元，8小时34美元（Shaheen、Cohen和Roberts，2006）。

摩托车共享

- 截至2015年9月，在美国有两套摩托车共享系统：即加利福尼亚州旧金山的Scoot Networks和南卡罗来纳州哥伦比亚的Scootway。这两个系统都提供单程和往返短期摩托车共享服务，并提供相应的保险和头盔。Scootway摩托车使用中产生的燃油费包括在租金价格内。

- 摩托车用户有两种定价选择：（1）每半个小时4美元费用，无月租费；（2）每小时2美元费用，但需支付19美元包月费用。Scoot最近还从雷诺（在美标牌为Nissan）引进了10辆四轮双座的Twizy车，使用价格为每小时8美元（Scoot，未公布数据，2015年）。位于南卡罗来纳州的Scootaway，每半小时使用费率为3美元（Scootaway，未公布数据）。

厢式客车合乘

- 客车合乘通常由7~15人通过使用轻型客车或类似大小的厢式客车定期上下班。客车合乘通常需要配有协调员和备选协调员。

- 客车合乘参与者分担了轻型客车和运营费用的成本，并可能分担驾驶的责任。客车合乘每月每人费用在100~300美元，这取决于燃料价格、当地市场状况以及政府补贴（Martin，未发表数据）。

P2P 服务模式

共享汽车和共享自行车也促进P2P服务模式的发展，使得汽车和自行车车主在不使用汽车和自行车的时候将其租赁出去。在P2P服务模式中，公司通过提供促使共享所需的组织资源（在线平台、客户支持、驾驶员和机动车辆安全认证、汽车保险和相关技术），以促成汽车、自行车或其他方式中车主和租赁者进行交

第 2 章 共享出行服务概述

易。P2P 服务不同于基于会员的自助式共享汽车、自行车共享服务，因为在后一模式中运营商拥有车辆或自行车的所有权。

P2P 服务模式与共享汽车和共享自行车类似。其中 Spinlister（以前称作 Liquid）是北美一个 P2P 自行车共享系统。另一家公司 Bitlock 销售可用于个人使用或 P2P 共享模式的无钥匙蓝牙自行车车锁。Getaround 和 Turo（即之前的 RelayRides）则是为大都市级市场提供 P2P 共享汽车服务的典型运营商。FlightCar 公司可为车主在主要机场提供免费停车场服务，而车主则需要将自己的车辆租借入境游客作为回报，车主将根据租客使用的里程获得相应的回报。

截至 2015 年 1 月，共有三种 P2P 共享出行的部署方式：（1）城市社区内的 P2P 共享汽车（私人车辆在城市地区可作为共享汽车）；（2）基于机场的 P2P 共享汽车（出港机场出行者可以停放，并为到港机场乘客提供短期租赁车辆）；（3）城市社区的 P2P 共享自行车（私人自行车可用作共享自行车使用）。个人车辆所有权共享模式有四种：（1）部分所有权模式；（2）混合 P2P 传统模式；（3）P2P 共享模式（通常称作 P2P 共享汽车）；（4）P2P 市场模式。

部分所有权模式	
• 个人分租或购买第三方拥有的机动车辆及低速交通工具。通过承担部分费用而共享部分所有权利，这种模式可以通过与经销商以及共享汽车运营商建立合作伙伴关系来进一步促成，即其中车辆由共享汽车运营商来购买和管理。这样做使所有人既可以使用到本无力支付的车辆（例如较高端车型），又可以将车辆租给非车主，并获得一部分收入。	• 目前，美国应用部分所有权模式的公司包括 Curvy Road、Gotham Dream Car 以及 CoachShare。2014 年 12 月，奥迪在瑞典斯德哥尔摩推出 "奥迪联盟" 部分所有权模式。奥迪联合公司提供多方租赁，根据车型、年度里程（2000 公里、3000 公里）以及 2~5 位共享人数进行定价。例如，奥迪联盟 A3 轿车分组给 5 人，每个人在 24 个月租赁期间支付每月约 1800 克朗（208 美元）的费用、驾驶里程少于每年 2000 公里（1240 英里）。奥迪公司为每名奥迪联盟租户提供蓝牙钥匙、智能手机 APP，租户则需与其他租户共同制定车辆使用的时间表。

混合个人对个人（P2P）传统模式	
• 个人通过加入以网络定位技术为基础的服务提供组织，以获取专用汽车或低速交通工具共享服务。通常组织机构负责提供 P2P 共享汽车在往返车程中的保险。	• 会员通过交换钥匙进入车辆或通过运营商安装设备实现 "无人管控进入车辆" 等方式实现租车。该模式的定价方式与往返共享汽车模式相似。

共享出行 原则与实践

个人对个人（P2P）共享模式

- 这种模式通常被称作 P2P 共享汽车。即个人或 P2P 公司将可用车辆租给会员共享使用。在使用期间一般由 P2P 组织提供车辆保险。运营商通过提供以上服务收取部分使用费。

- 会员通过交换钥匙进入车辆或通过运营商安装设备中的技术实现"无人进入车辆"等方式实现租车。

- P2P 共享汽车运营商通常将部分租金作为回报，以促进共享并提供第三方保险。例如，Turo（以前的 RelayRides）从车主那里收取 25% 的佣金，并从承租人那里收取 10% 的佣金。Getaround 需要从车主那里收取 40% 的佣金来提供服务。对于 FlightCar，每英里向车主支付 0.05~0.20 美元，而通常平均每个行程付费为 20~30 美元。用车人在机场无须自己支付停车费，并且当车主取回车前，车辆会进行彻底清洗。在另一个平价月度计划中，驾驶员则可每月获得 250 美元以上的净收入。

- 截至 2015 年 5 月，北美地区有八家活跃的 P2P 运营商，还有两家以上在不久的将来计划启动服务。

个人对个人（P2P）市场模式

- P2P 市场可通过互联网进行个人直接交换。通常情况下由交易各方来决定条款，并且争议则在私下解决。

非会员制自助服务模式

非会员制自助服务模式包括租车和拼车。有关这些服务的说明，请参见下文。

共享自行车

- 正如上文所述，用户可以以会员身份（通常以年度、季节或每月为单位）或者作为临时用户、非会员（指以每天或每次骑行为单位）获取共享自行车。临时用户没有共享自行车账户，通常情况下共享自行车运营商在结算账单完成后也不会保留临时用户的信息。截至 2012 年，临时用户占所有共享自行车用户的 85.5%（Shaheen S.、Martin、Chan、Cohen 以及 Pogodzinski，2014 年）。

- 2012 年对美国 20 个公共共享自行车计划进行的调查发现：该模式每日使用平均费用为 7.77 美元，而所有计划都提供当日前 30 分钟免费骑乘服务（Shaheen S.、Martin、Chan、Cohen 以及 Pogodzinski，2014 年）。

汽车出租模式

- 一种非会员模式，由公司提供的汽车或轻型货车按天或周费的租赁服务。传统租车模式需要有服务人员提供服务的店面。但租车服务现在越来越多地使用"虚拟店面"，允许租取无人值守的车辆，其模式与共享汽车模式相类似。

- 历史上，租车共有三种不同的服务模式：（1）位于航空站点的机场租赁服务（Hertz、Avis、National 等）；（2）基于社区的租赁服务（企业内区域）；（3）基于货车的租赁服务（例如 U-Haul、Ryder 以及 Penske）。

- 汽车租赁一般以每天或每周定价，通常休闲或商业租赁具有不同的利率结构。除基本租金外，大多数汽车租赁公司都提供各种产品和附加服务，例如汽车座椅、GPS 出租和出售额外保险等。

第2章 共享出行服务概述

合乘出行

- 是一种正式或非正式的,由出行者根据彼此共同起点,有目的地组织共享车辆完成出行,以减少道路上的车辆数量的方式。多年以来,合乘出行的形式不断扩大。拼车出行或搭车出行是用于描述陌生人之间的非正式合乘出行术语,是介于通勤拼车和搭便车之间的混合形式。在临时搭便车中,乘客通常在"搭车线"内排队,并且由不熟悉的驾驶员载走,这些驾驶员有接送乘客的动机,以便利用高承载率车辆(HOV)车道,获得降低收费以及类似的收益。

- 此外,互联网和移动技术的发展使得在线共享市场不断增长,例如Carma Carpooling,用户通常可以通过个人移动设备按需订车。合乘出行通过向驾驶员支付一部分费用,以偿还交通成本(例如天然气、收费、车费),但合乘出行模式如果没有配套保险和其他监管,则无法产生更大的获得经济利益(Chan和Shaheen,2011)。

- 许多公共机构通过合乘乘客是否按照美国国税局(IRS)标准里程价格支付合乘出行驾驶员,来区分合乘出行和租用服务模式。2015年,美国国税局标准里程价格对商业目的用车定义为每英里0.57美元,通常就用作建议合乘出行费用分摊上限的指标。由于驾驶员没有工资,因此也无须为合乘出行驾驶员提供商业保险。

出租服务模式

出租服务模式包括三轮车(带有乘客舱的出租三轮车)、网约出租汽车、出租汽车、豪华轿车(根据出行距离或时间定价,或基于计价器及类似技术进行动态定价)。租用汽车服务的基本构成包括乘客通过雇佣单程或往返乘车的驾驶员提供服务。出租汽车服务可借助于电话预订、互联网或智能手机应用程序(APP)预订等方式实现。有关这些模式的说明,请参见下文。

快递网络服务(CNS)

- 快递网络服务(也称作灵活货物配送)通过使用在线应用程序或平台(例如网站或智能手机应用程序)建立与拥有货车的送货驾驶员的联系,从而提供出租送货服务。这些服务可以包括:1)P2P送货服务;2)配对按需乘坐和快递服务。

- 例如,Postmates和Instacart两种P2P送货服务。Postmates快递员在一座城市内通过自行车、摩托车或汽车送杂货、外卖以及来自餐馆或商店的货物。除了基于货物成本的9%服务费以外,Postmates还收取配送费。Instacart提供类似的服务,但是限于杂货店配送,收取费用在4~10美元,具体取决于完成配送所花费的时间。

载客三轮车

- 提供载客三轮车的出租服务，通过使用具有三个或多个车轮并配有乘客舱的三轮车来完成运送乘客的服务。

- 载客三轮车定价有很大差异，其取决于定价模式和服务市场。例如，纽约市三轮车公司每辆三轮车每分钟收费为3~7美元（纽约市三轮车公司，2015）。在查尔斯顿，Bike Taxi公司每人每10分钟收费5美元（Bike Taxi，2015）。

网约出租汽车（网约车）

- 2012年夏天，加利福尼亚州旧金山首先推出网约出租汽车服务，随后迅速发展蔓延到美国和全球。对网约车的发展，既有支持也有抵制。网约车提供预先出行和按需客运服务，将私家车的驾驶员与乘客联系起来，并按照所提供的服务收费。智能手机应用程序可以用来预订服务、对驾驶员和乘客评级以及电子支付。

- 在旧金山湾区，Uber收取3.20美元作为基础票价（包括"安全乘坐费"），在非高峰期间每分钟0.26美元，每英里1.30美元。在同一地区，Lyft收取3.80美元的基本费用（包括"信任安全费"），每分钟0.27美元、每英里1.35美元。上文所提到非高峰时段的价格通常在需求较高时段有所上涨，以激励更多驾驶员接受订车要求（高峰定价）。

- 最近，网约车公司已经发布了新的APP，使得乘客能够拼车和分摊车费（或者我们称作的"合乘分摊"）。Lyft Line 和 UberPOOL（2014年8月试运行）试图将乘客分组并整合路线到一次拼车出行中。最近，UberPOOL一直在测试"智能路线"，乘客可以得到比正常价格低至少1美元的折扣价，为此乘客需要走到主要的街道再上车，这样做可以让驾驶员减少进入支路的行车转弯并更快地接到乘客（de Looper，2015）。此外在2014年11月，Lyft公司发布了"驾驶员目的地"（Driver Destination）服务，允许驾驶员设定并沿着个人制定的出行路线来接送乘客，例如在往返工作中出行。该产品可以促进更多的拼车出行、实现更高的车辆占用率、更大地降低出行成本，并实现沿线与公共交通始一公里和最后一公里的连接。

出租汽车

- 这是一种租用车辆服务，由一名驾驶员载乘一名或多名乘客。出租汽车服务可以根据预先安排或者按需求来提供服务。服务具体通过出租汽车公司或第三方提供商提供的巡游叫车服务、电话叫车服务或网约互联网预约等方式实现。

- 自2014年底以来，网约叫车服务在出租汽车车队中的使用日益增加，特别是在例如Flywheel和iTaxi等第三方调度APP的主要大都市地区更是如此。越来越多的出租汽车和豪华轿车管理机构正在开展互联网叫车试点计划，并强制驾驶员提供网约车服务。

- 在2012年底，纽约市出租汽车和豪华轿车委员会批准了一项网约出租试点计划，允许APP开发人员在该市内测试其移动出租汽车预订、调度和支付系统。在美国华盛顿哥伦比亚特区，特区出租汽车委员会已经要求特区内的所有出租汽车都使用通用的DC Taxi APP。在洛杉矶，出租汽车委员会批准了一项规定，要求该市出租汽车使用APP，截止日期为2015年8月20日，否则每天缴纳200美元的罚款。而纽约和芝加哥也正在考虑出台类似的政策。

- 出租汽车使用价格各地有所不同，取决于各地不同法规以及出租汽车是否可以协调费率、使用仪表等情况。许多出租汽车管理局都采用计价器定价，通常包括起步费用（一般为1~5美元）以及额外距离或时间费率（例如驻车时每英里0.50美元或每分钟0.50美元）。如果由出租汽车管理局准许，地方附加费和费用可能由乘客支付，如过路费和其他费用（例如纽约出租汽车和豪华轿车委员会对每次乘坐收取0.30美元，用来资助可携带轮椅的出租汽车）。

 第2章 共享出行服务概述

| 豪华轿车和电召出租汽车 |

- 由豪华轿车提供的预订运输服务，汽车出租驾驶员或受雇驾驶员来驾驶。
- 与其他租赁车辆服务模式类似，豪华轿车和电召出租汽车的定价也可能差异很大。一般来说，在大多数市场上，这些服务是按小时来收取费用的，每小时起价为50美元左右。可能还收取附加服务费。

公共交通服务

 公共交通系统包括公共交通运输和其他公共交通服务。

| 公共交通运输 |

- 公共交通运输指在城市范围内向公众开放的定线运营的交通服务，常见公共交通系统包括公交汽车、地铁、渡轮、轻轨以及快速铁路等。

| 替代公共交通服务 |

- 替代公共交通服务分类范畴很广，包括班车（将乘客与公共交通或就业中心连接起来的共享车辆）、辅助公交以及私营部门交通解决方案，通常称为微型交通。班车包括连接公共交通和就业中心之间第一和最后一公里的连接的一般性质班车以及高科技公司班车（通常服务公司员工，免费提供WiFi服务）。
- 替代公共交通服务包括固定线路或灵活线路服务以及按固定时间表或按需服务。具体包括免费班车和付费班车两种，免费服务一般由运输需求管理机构或私人雇主来补贴，付费服务（如微型公交）通常每次乘坐收费3~7美元。
- 微公交和辅助客运可以被归类在"灵活交通服务"一类。灵活交通服务拥有以下特征：
  (1) 路线可以存在偏差（车辆可以在一个区域内出现偏离，以满足需求响应）；
  (2) 存在点偏差（提供需求响应服务的车辆服务于有限数量的停靠点之间，而不需要在两点之间的固定线路）；
  (3) 需求响应连接（车辆按照一个或多个固定线路按需提供服务）；
  (4) 按要求停车（乘客可以沿着预定义路线要求非计划靠站）；
  (5) 灵活路线（在固定路线段内可以进行需求响应，灵活选择路线服务）；
  (6) 区域路线（车辆在需求响应模式下沿着路线走廊运行，可以选择在一个或多个出发和到达时间点，以及出发和到达位置点）（Koffman, 2004）。

本章参考文献

Bike Taxi. (2015, December 7). Retrieved from Bike Taxi: http://www.biketaxi.net/

Chan, N., & Shaheen, S. (2011). Ridesharing in North America: Past, Present, and Future. Transport Reviews, 1–20.

de Looper, C. (2015, August 24). Uber Testing Bus-Like Smart Routes. Retrieved from Tech Times: http://www.techtimes.com/articles/79084/20150824/uber-testing-bus-smart-routes.htm

Koffman, D. (2004). TCRP Synthesis 53: Operational Experiences with Flexible Transit Services. Washington, DC: Transportation Research Board of the National Academies.

McClatchy Tribune Services. (2013, September 10). Part-time job growth rapidly outpacing full-time opportunities, statistics show. Retrieved from The Times-Picayune: http://www.nola.com/business/index.ssf/2013/09/part-time_job_growth_rapidly_o.html

NYC Pedicab Co. (2016, March 7). Central Park Pedicab Tours FAQs. Retrieved from NYC Pedicab Co.: http://www.centralparkpedicabs.com/p/faqs.html

Packaged Facts. (2015, September 21). Packaged Facts: 30% of U.S. Consumers Order Online for Same Day Delivery. Retrieved from PRN Newswire: http://www.prnewswire.com/news-releases/packaged-facts-30-of-us-consumers-order-online-for-same-day-delivery-300145756.html

Pew Research Center. (2014, October). Mobile Technology Fact Sheet. Retrieved from Pew Research Center: http://www.pewinternet.org/fact-sheets/mobile-technology-fact-sheet/

Shaheen, S. A., Cohen, A. P., & Roberts, J. D. (2006). Carsharing in North America: Market Growth, Current Developments, and Future Potential. In Transportation Research Record: Journal of the Transportation Research Board (pp. 116–124). Washington, D.C.:

第 2 章　共享出行服务概述

Transportation Research Board of the National Academies.

Shaheen, S., Martin, E., Chan, N., Cohen, A., & Pogodzinski, M. (2014). Public Bikesharing in North America During A Period of Rapid Expansion: Understanding Business Models, Industry Trends and User Impacts. San Jose: Mineta Transportation Institute.

Staff, B. (2015, April 20). Birmingham, Alabama, planning e-bike share system. Retrieved from Bicycle Retailer: http://www.bicycleretailer.com/north-america/2015/04/20/birmingham-alabama-planning-e-bike-share-system#.VdTpWJedpn0

Transportation Research Board. (2015). Between Public and Private Mobility Examining the Rise of Technology-Enabled Transportation Services. Retrieved from the Transportation Research Board: http://onlinepubs.trb.org/onlinepubs/sr/sr319.pdf

第 3 章 共享出行影响

越来越多的实证表明：共享模式可以在交通运输、土地利用、环境和社会等诸多方面带来效益。尽管对往返共享汽车和公共自行车的影响研究相当广泛，但尚缺少对单程共享汽车、P2P 共享、摩托车共享、按需乘坐服务（例如合乘和网约车）、快递网络服务等新兴服务模式影响的研究和理解。

本章将探讨当前对几种共享出行模式产生影响的理解。

3.1 共享汽车

本书附录 A 附表 1 对十余项北美往返共享汽车研究进行了总结归纳，其中包括第三方运营商主导的评估。往返社区共享汽车服务产生的最显著影响之一就是导致车主卖掉私家车或推迟购买新车，而带来车辆保有量降低。

大部分项目使拥有一辆车的家庭转变为无车家庭，拥有两辆车的家庭变为拥有一辆车。许多研究已经验证了共享汽车对车辆总体数量的影响，显示每辆共享汽车可以减少 4.6~20 辆不等的私家汽车，其中差异归因于计算方法的差异（例如，如何定义推迟购买车辆和出售已有车辆）。

美国和加拿大共享汽车组织发布的最新研究和会员调查结果显示：多达 32% 的共享汽车会员出售了自己的私家汽车，而 25%~71% 的会员因共享汽车而不再购车。2008 年研究报告显示：在约 9500 名共享汽车会员调查对象里，25% 的

第3章 共享出行影响

会员出售了私家车，而 25% 的会员推迟购车（Martin 和 Shaheen，2010）。在这些参与者中，80% 的人以上拥有学士学位，54% 的人收入超过了 50000 美元。40% 的人年龄在 18~30 岁，55% 的人在 31~60 岁。附录 A，附表 2 更全面地分析了共享汽车会员分布情况。统计差异可归因于样本陈述意图偏差、位置特定差异以及商业模式差异。另外，研究还显示美国共享汽车每年平均为每位会员节省 154~435 美元，在加拿大每年为每位会员节省 392~492 加元。

此外，汽车保有量减少通常可以促使公共交通客流量增加，居民出行方式向步行和自行车转变，停车需求逐渐减少，车辆行驶里程减少。12%~54% 的北美共享汽车使用者更偏好步行。而在公共交通方面，对共享汽车增加或减少了公共交通客流量，学术界尚存在争议。对北美六个地区的研究发现：13.5%~53.4% 的共享汽车使用者比其他人更多地选择乘坐公共交通工具。然而，另一项对北美约 9500 名共享汽车使用者的研究发现：公共交通乘客数量略有下降（Martin 和 Shaheen，2010）。（参见附录 A，附表 3）

在美国，共享汽车会员年行车里程数平均减少了 7.6%~79.8%。如此大的差异可能是由于调查地点、会员使用方式以及调查设计的差异。Martin 和 Shaheen（2010）发现：调查对象的行车总里程共减少 27%（基于对既有出售车辆估算的影响）~43%（基于既有出售车辆和推迟购买车辆估算的影响），造成该变化的主要原因是人们单次出行的距离减小。行车里程数以及车辆保有量的减少也有助于降低温室气体的排放。同一项研究发现：由于出售已有车辆使平均每户家庭年温室气体排放减少0.58吨，由于出售已有车辆和推迟购买车辆促使每户每年减少排放0.84吨温室气体排放（降低34%~41%）（Martin和Shaheen，2010年）。几个全球共享汽车计划通过与脱碳公司建立合作伙伴关系，实现了更大程度的温室气体减排。此外，在加入共享汽车之后，许多会员环保报告意识有所加强。此外，共享汽车还可以提升其他有益的社会影响，例如增加大学生和低收入家庭获得车辆出行的可能性。

共享汽车之所以成功，是因为其为消费者提供了更高品质的出行服务，或以低价提供相对优质的服务。同时人们选择共享汽车替代使用私家车，也促使出行产生的燃料消耗量和排放量大幅减少。共享汽车从根本上将驾驶成本结构从固定成本转变为可变成本，通过改变驾驶经济结构促成驾驶行为改变（将具有固定成本的私人汽车与具有可变成本的共享车辆进行对比）。而我们也应当评估这些变化，从而确定共享汽车对出行方式改变的深远影响。这一工作充满挑战性，因为在真正使用之前，我们并不知道谁会使用共享汽车。对共享汽车会员群体，我们需要知道的是：1）每个人之前如何出行，以及共享出行如何改变了他们固有的出行模式；2）人们在没有共享汽车情况下是如何出行的。如果没有某种形式的会员调查，这些影响几乎是无法衡量的，因为了解这些转变的最好方法就是确定究竟发生了什么。

从调查数据看，研究人员可以在开展数据分析前，根据调研情况研究样本个体的出行方式，例如使用车辆的行车里程，而这一研究通常十分具有挑战性。由于共享汽车带来的转变因人而异，一部分人开车稍多并非受外在因素影响，而有些人则是受共享汽车的影响。通过调查来衡量这种影响的必要性在于，只有会员才能真正评估共享汽车系统是如何改变其生活的。对于某些人而言，系统影响是无关紧要的，观察到的行为变化是其他不可见动力的结果，其中使用共享汽车只是一个表象。而对其他人而言，共享汽车在促进他们生活方式改变中起着核心作用，这种生活方式降低了燃料消耗和碳排放。尽管会员调查并不完善，但对于衡量共享汽车影响而言却仍是一个重要的工具。

需要重视的是，对共享出行影响的评估目前仍难实现，原因有很多。第一，这些调查通常是大范围的调查，大范围内可能共享出行服务并不普及。而已有的

第 3 章　共享出行影响

服务通常缺乏足够的时间跨度，涵盖人们开始使用系统前后。其次，在开展大型调查例如全国家庭出行调查（NHTS）中，使用共享出行服务的人群子样本很小，这种调查的时间间隔可跨越很多年。在随后的调查中，人们很少重新抽样。由于这些因素，使用 NHTS 评估家庭层面的行为变化作用是有限的。

最后，活动数据分析只能告诉我们相对于其总体出行方式，调查者是如何使用共享模式出行的。因此，尽管技术进步改善了评估出行行为的能力，但问卷调查仍将（并且可能会长期继续）在评估出行方式变革的原因和其他方面发挥核心作用。而其他共享出行模式影响分析也是类似的情况。

3.2　共享自行车

与共享汽车一样，共享自行车带来了环境、社会和交通运输诸多效益，为短途出行的起始和最后一公里提供了低碳选项，为实现家庭、公共交通工具、中转站和工作场所之间出行衔接提供了便捷途径。共享自行车潜在效益包括：1）增加流动性；2）为出行模式间转换节省成本；3）运营成本低（与班车服务相比）；4）减少交通拥堵；5）减少燃料使用；6）增加了公共交通和替代出行方式使用量（例如轨道交通、公交汽车、出租汽车、共享汽车、合乘出行）；7）提升健康效益；8）提高环保意识；9）促进经济发展。推广共享自行车的最终目标是让其具有更大的适用范围，将共享自行车集成到交通运输系统之中，使它日益成为人们日常的交通出行方式（用于通勤、私人出行和娱乐）。

虽然已有的对共享自行车效益的研究有限，但一些研究项目通过用户调查来量度共享自行车效益影响。附录中的表 4 对这些调查进行了总结，显示了出行距离、预估二氧化碳的减少量等情况。由于对用户行为、行程分配以及行程方式替换的不同假设，减排估算在研究之间有很大差异。影响二氧化碳减排的关键假设在于共享自行车替代小汽车出行的次数。

虽然临时用户（通常是具有七天或更短通行权的共享自行车用户）在共享自行车骑行中占绝大多数，但对于临时用户的研究非常有限。许多共享自行车APP程序在结算完毕后，并不会收集和保留临时用户的信息。因此，收集用户数据和理解临时用户行为仍然是一个关键的挑战。由弗吉尼亚理工大学城市规划项目的学生所做的研究记录了美国Capital共享自行车公司临时用户的主要统计。2011年9月到10月期间，他们在五家美国Capital共享自行车公司租车点完成了数据调查。调查发现美国Capital共享自行车公司临时用户统计数据与其年度会员数密切相关，公司主要服务的乘客群体为白人（Borecki等，2012），其中78%的临时用户和80%的年度会员都是白人，而2010年华盛顿特区人口普查中白人则只占该区人口的34%。附录A中的附表5比较了美国Capital共享自行车公司临时用户调查数据与其年度会员及人口普查数据。调查还发现：大多数妇女选择成为临时用户，比例为52%，而选择成为年度会员的只有33%。年龄和受教育程度在年度会员和受访临时用户之间具有相当的可比较性（Borecki等，2012）。

2012年，加州大学伯克利分校的交通运输可持续发展研究中心在明尼阿波利斯－圣保罗、蒙特利尔、多伦多和华盛顿特区四个地区完成了对长期（年度性和季度性）共享自行车会员的研究。2013年，在墨西哥城、明尼阿波利斯－圣保罗、蒙特利尔、盐湖城以及多伦多等五个城市对年度性和季度性共享自行车会员进行了第二次研究（Shaheen等人，2014年）。这些研究发现：与一般人群相比，共享自行车会员往往更加富裕、接受过教育、更年轻化、白种人居多、男性多。参见附录A中附表6和附表7，其中描述了美国、加拿大和墨西哥城的会员人口统计。

从最基础层面上，两项研究都发现：共享自行车的出现增加了年度、季度以及月度会员使用自行车的频率。此外，加拿大和墨西哥的大多数用户每周使用共享自行车至少一至三次。在所有这些城市，由于使用共享自行车，50%的会员比之前更少选择开车出行（参见附录A，附图1）。两项研究的结果显示这些城市存在着一些有趣的分歧，中小城市的受访者更愿意出行中使用共享自行车对接公共交通。在较大城市里，共享自行车却造成受访者更少地乘坐公共交通工具。研

第 3 章 共享出行影响

究对不同国家用户的差异性没有深入探讨。但发现不同城市（即较大、密集的城市和较小、密度较小的城市）在用户使用特点方面存在影响。例如，在较大城市中，用户使用共享自行车的目的更多是通勤，而在较小的城市则更多用于生活娱乐。

与蒙特利尔和多伦多等市内密集交通网络形成鲜明的对照，明尼苏达州明尼阿波利斯-圣保罗和犹他州盐湖城都是轻轨较少的小城市。

明尼阿波利斯-圣保罗和盐湖城内的受访者在公共汽车使用方面没有任何变化。总的来说，明尼阿波利斯67%的受访者和盐湖城内87%受访者表示，共享自行车对其使用公共汽车没有影响。明尼阿波利斯-圣保罗的18%受访者报告因共享自行车使用减少了使用公共汽车，而盐湖城只有4%的受访者报告有类似的变化。在明尼阿波利斯-圣保罗市，16%的受访者表明公共汽车使用量在增加，而8%的盐湖城受访者表明公共汽车使用量在增加。盐湖城是唯一显示共享自行车导致公共汽车使用净增加的城市。在明尼阿波利斯圣保罗和盐湖城，共享自行车增加了7%~8%的轨道交通使用量。相比之下，在蒙特利尔和多伦多，轨道交通的使用量则减少了50%~60%。在墨西哥城，17%的用户减少使用轨道交通，13%的用户增加使用公交汽车，但差距较小。蒙特利尔、多伦多和墨西哥城的数据显示，从轨道交通转变为使用共享自行车出行的主要原因，在于共享自行车能使用户更快地达到其目的地，并且可以降低成本。这些城市受访者的25%、48%和28%表示较少使用轨道交通，是因为共享自行车提供了较低成本和较快速度的交通工具。40%的盐湖城受访者表示：他们更少地选择乘坐轨道交通出行，是因为共享自行车更快一些；50%的明尼阿波利斯-圣保罗受访者表示：他们使用共享自行车是因为想要进行体育锻炼。

最后，除了共享自行车可以减少二氧化碳排放量以及促使民众出行转向自行车的研究以外，评估还表明作为可行的交通运输模式，公众对共享自行车的认识已经有所提高。2008年的一项研究表明：89%的Vélib'共享自行车用户表示，该计划使得他们在巴黎出行更容易（Vélib'，2012年）。59%的明尼苏达州Nice Ride共享自行车用户表示：他们最喜欢共享自行车的便捷性（SurveyGizmo，2010年）。2011年，丹佛BCycle骑行人数正以30%的速度增加，比2010年骑行人数增加了97%（丹佛BCycle，2011年）。这些研究表明：共享自行车的出行对促进自行车交通运输模式发展产生了积极的影响。

3.3 合乘出行

目前，几乎很少有关于合乘出行（拼车出行）影响的研究。经验证据表明：尽管这些影响的确切程度尚未得到充分的了解，但合乘可以产生出行、基础设施和环境等方面的效益。合乘参与者可以通过分摊交通费用、使用 HOV 车道节省出行时间、减少通勤压力、优先停车和其他奖励等方面获得效益。

3.4 网络预约出租汽车

技术创新实现了按需乘车匹配服务以及网络预约出租汽车（也被称作 TNCs）服务，驾驶员和乘客可以使用智能手机 APP 来进行连接。在许多情况下，乘客可以通过这些 APP 来支付燃油、停车和其他行程费用，包括驾驶员的劳务费。

随着 uberX 和 Lyft 等按需乘车服务的普及，公共政策也需要随之不断发展完善。目前，几乎没有关于按需乘车服务影响的研究。最近一项关于旧金山湾区网约车的研究发现：可能受到抽样方法的影响，调查对象普遍比整体人口年龄要小，受访者相对来说受过良好教育，84% 的消费者具有学士或以上的学历，除了附录 A 中附表 8 所示低于 3 万美元的家庭人数不足以外，其他调查对象结果与旧金山收入分布情况相当吻合。

出行调查发现：uberX 贡献了大部分乘坐量（53%），而其他 Uber 服务（高端专车、SUV）则占 8%。Lyft 提供了 30% 的出行，这与各企业市场份额信息相一致。在所有调查反馈中，从出行目的看，67% 的出行为社交/休闲（酒吧、餐厅、音乐会、交友/家庭）出行，只有 16% 的是工作出行，4% 则来往于机场出行，10% 则是去另外其他目的地（例如医生预约、志愿者）。从出行地点看，47% 的出行是基于家庭或工作以外的地方（例如餐厅、酒吧和健身房）的出行，40% 的则基于家庭的出行。美国湾区 39% 和 24% 的调查受访者表示：如果 uberX 或 Lyft 不可用，他们会分别乘坐出租汽车或公共汽车（参见附表 9）。4% 的受访者将一个特定

第3章 共享出行影响

公共交通站点作为其起点或目的地。几乎一半的出行（48%的出行）发生在周五或周六。与出租汽车出行距离平均3.7英里相比，以旧金山为目的地的网约车出行距离平均为3.1英里。最后，研究发现：网约车等待时间要比巡游出租汽车（以下简称"巡游车"）呼叫和调度时间要短得多。这项研究没有包括电召出租汽车服务，因为在调查开始的时候电召出租服务还没有广泛地部署。之后，电召出租汽车在城市里急剧发展，截至2014年10月，80%的旧金山巡游车（1450辆）使用了网络预约APP软件Flywheel，将巡游车等候时间与网约车等候时间降低到一致范围（Sachin Kansal，未公布数据）。有关网约车和巡游车出行时间比较的更多信息，请参阅附录A中的附表10。

如前所述，关于共享出行影响的研究在某种程度上仍比较有限，正在进行当中。尚有几种模式未开展深入研究，而现有的和新兴的服务，尤其是在城市和区域层面的，还需要进一步的调查研究。

本章参考文献

Borecki, N., Buck, D., Chung, P., Happ, P., Kushner, N., Maher, T., Buehler, R. (2012). Virginia TechCapital Bikeshare Study. Blacksburg: Virginia Tech.

Denver BCycle. (2011). 2011 Season Results. https://denver.bcycle.com/docs/librariesprovider34/default–document–library/annual–reports/dbs–2011–annual–report.pdf?sfvrsn=2

Martin, E., & Shaheen, S. (2010). Greenhouse Gas Emission Impacts of Carsharing in North America. San Jose: Mineta Transportation Institute.

Rayle, L., Dai, D., Chan, N., Cervero, R., and Shaheen, S. (2016). "Just A Better Taxi? A Survey–Based Comparison of Taxis, Transit, and Ridesourcing Services in San Francisco," Transport Policy, Volume 45, pp. 168–178.

Shaheen, S., Martin, E., Chan, N., Cohen, A., and Pogodzinski, M. (2014). Public Bikesharing in North America During A Period of Rapid Expansion: Understanding Business Models, Industry Trends and User Impacts. San Jose: Mineta Transportation

Institute.

SurveyGizmo. (2010). Nice Ride Subscriber Survey: Survey Report. https://appv3.sgizmo.com/ reportsview/?key=102593-416326-6d13ea0276ea0822c9f59f4411b 6c779

Velib'. (2012, December 20). Un service qui plait plus que jamais!. Retrieved from JCDecaux: http://www.jcdecaux.com/fr/Presse/Communiques/2012/Ve-lib-un-service-qui-plai-t-plus-que-jamais-!

 第4章 公共机构在共享出行中的作用

第 4 章 公共机构在共享出行中的作用

城市和地区政府是共享出行运营商最常见的公共伙伴，因为他们在交通运输规划、公共交通以及停车政策方面发挥着作用。缓解拥堵、改善空气质量以及停车管理一直是地方政府的长期目标。近年来，气候行动规划进一步提高了地方政府对共享出行的认识。影响城市和地区政府以及共享出行的九个方面如下：

- **健康、安全和消费者保护**：地方城市、州政府和公共机构已经建立的行政法规、条例和法律，可能要求提供保险、驾驶员健康状况或其他关键信息，以保证有关服务的透明度，防止传播不准确或误导性的信息。另一项重要的消费者保护政策则是确保消费者能够获得出行服务（例如《1964 年民权法案》第 6 条）。
- **税收**：税收激励和税务（例如汽车租赁费、销售税以及通勤税减免）对共享出行的作用，对地方管理机构来说是有挑战性的问题。
- **保险**：保险限额和相关要求对州政府、地方城市和地区政府都是一项关键问题，特别是对 P2P 车辆共享以及需求响应的出行服务方面更是如此。
- **停车和停车位使用权**：城市和地区政府一直在解决共享模式下路侧停车空间管理的一些关键问题，包括私人企业或以非营利为目的占用公共空间停车所引发的公平性问题、不同竞争运营商间和不同出行模式间涉及的此类问题。

SHARED MOBILITY CURRENT PRACTICES AND GUIDING PRINCIPLES

- **标牌和广告**：地方政府在规范共享模式的标牌和广告方面发挥着关键作用（图3）。
- **出行方式整合**：地方和地区政府应确定公共交通运营商在推进与共享出行模式整合方面发挥的作用。城市和地区政府应当积极研究远程信息处理技术、票价一体化以及公共交通票价折扣在缓解和改善技术壁垒、与既有交通系统整合不足、公众对一体化出行方式心存疑虑、与年龄相关出行限制等方面问题所发挥的积极作用。
- **规划过程**：公共机构和地方政府应将共享出行发展目标纳入城市和地区规划过程，例如土地利用和运输发展计划。这一过程通常需要数据来协助公共机构和地方政府开展规划和预测共享出行对公共基础设施的影响。
- **数据共享、隐私和标准化**：对于城市和地区政府而言，确定数据标准、平衡个人、公司和公共机构间的数据共享及隐私问题至关重要。
- **可达性和公平性问题**：地方政府和公共机构应关注共享出行带来的问题，包括可达性问题，以及公共机构和共享出行服务提供商如何界定、衡量和解决公平的问题。

图3　西雅图快捷循环共享系统安全帽存取亭

政府面临的主要机遇和挑战包括：运营商之间以及不同交通方式之间的竞争不断加剧、如何确定新服务模式的合法性和界定创新服务模式以及如何制定解决这些问题的政策。以下章节将介绍政府在共享出行发展中部分支持和限制政策、成功案例以及机遇和挑战。

第4章 公共机构在共享出行中的作用

4.1 健康、安全和消费者保护

公共机构、地方及州政府已经制定了推荐性的原则、行政法规、条例和法律以引导和规范共享出行服务商。健康和安全方面包括旨在保护共享出行用户安全和福利的法律和条例。

除了健康和安全法律以外，消费者保护法捍卫消费者的利益，并确保公平交易行为、开放竞争以及市场信息的准确性。广义而言，消费者保护法的目的是防止欺诈或不公平的商业行为。一些影响共享出行的健康、安全和消费者保护法律的重要案例如下：

- **头盔安全法**要求共享自行车用户在骑行时必须戴头盔。例如，华盛顿州国王郡健康委员会制定的自行车头盔法，要求所有骑行自行车的人不论年龄大小都要戴头盔。该法案自2003年8月正式施行，并适用西雅图市。西雅图的快捷循环共享项目（Pronto Cycle Share）已经使用户可以从租车亭获取头盔，以遵守头盔法规的要求。据悉，基于会员积分系统借用头盔的方式被认为要比通过头盔分发机构更容易实施。

- **保险法**规定P2P共享汽车必须购买的最低承保金额。包括P2P车辆运营商为驾驶员提供保险的要求，以及如果他们转租车辆进行P2P租赁使用时，对P2P车主提供保险，以避免个人车辆保险无法覆盖的情况。例如2011年6月，俄勒冈州立法机构通过了个人车辆共享立法，也被称作HB3149，其中要求车主保险单应包括人身伤害保护和第三方保险（Auto Rental News，2012年）。此外，法律要求P2P共享汽车计划为车队中的每辆汽车购买保险。法律规定：如果车主在没有驾驶车辆时被指定为民事诉讼中的被告，那么P2P车辆共享计划有责任为车主辩护和补偿车主（汽车租赁新闻社，2012年）。最后，HB3149禁止在个人车辆共享计划中使用商用车辆。其他法律可以保护共享出行运营商免除替代责任（即对另外一个人行为承担责任的法律原则）。共享出行运营商即共享汽车提供商已经与政府达成一致意见：根据"Graves正案"规定，共享汽车运营商应当免除替代责任，尽管其仍适用于传统汽车租赁企业。

- **出租汽车驾驶员法**提出了对出租汽车、电召出租汽车以及网约车等共享出行服务的驾驶员的身体素质和最低保险要求。例如，许多公用事业、出租汽车和豪华轿车委员会都制订了共享出行服务中使用营运许可证、奖励、证书的操作办法。回看历史，这些出租汽车的消费者保护法旨在保护公共安全、规范票价、规范运营商的数量和服务质量，并确保残疾人士能够得到服务。近年来，一些公共机构已经实施了网约车相关条例和法律。例如，奥斯丁市最近批准了市政条例规范网约车，条款包括建立最低保险要求、要求驾驶员接受培训，并限制驾驶员连续工作小时数、禁止拒绝搭载乘客和向残疾乘客额外收费（奥斯丁市，2014）。有关奥斯丁市网约车公司条例的更多详细内容，请参阅下文。

奥斯丁网约车公司条例

2014年10月，得克萨斯州奥斯丁市议会批准了一项十分全面的法令，即将网约车公司定义和规范为"以公司、合伙人、独资企业或者其他形式注册的组织，利用在线APP或平台连接乘客和驾驶员，提供基于需求响应的收费交通服务。"市政条例要求网约车公司与该市达成协议，其中包括以下规定：

保险条款：

- 提供主要商业汽车责任保险，最低保额为100万美元，用于每次赔偿网约车公司车辆发生事故造成的人身伤害和财产损失（时间范围定义为从驾驶员接受订单开始到乘客离开车辆时结束）。该保险必须将奥斯丁市政府定为附加被保险人。
- 在网约车公司的驾驶员从登录到APP并显示其可以提供服务的这段时间，网约车公司须保证提供单人30000美元保额、单次事故60000美元保额的事故死亡和人身伤害险，以及25000美元的财产损失险。保险费用可由驾驶员、公司或共同承担。
- 网约车公司应每年向该市提交关于保险索赔及有效覆盖范围的数据。
- 网约车公司应在驾驶员登录到APP时必须告知驾驶员，存在保险覆盖范围不充分的情况。

公共安全条款：

- 网约车公司必须建立驾驶员培训计划，并对驾驶员使用毒品和酒精实行零容忍政策。
- 网约车公司APP应显示驾驶员照片、车辆的描述或照片以及车牌号码。
- 网约车公司必须对驾驶员进行背景调查。2015年12月，奥斯丁市议会修订了该法令，要求将指纹作为背景调查的一部分。2017年2月前，网约车公司为实现合规经营，需满足指纹识别技术的四个安全准则。
- 驾驶员年龄必须大于21岁。
- 驾驶员在24小时内不得驾驶超过12小时，不得接受在线申请以外的任何其他乘车活动，必须为乘客中携带的动物提供合理的存放空间。

 第4章 公共机构在共享出行中的作用

消费者保护条款：
- 乘客应在出行前获知出行费用估算信息，在出行后可以获取支付收据。
- 乘客应同意在 APP 上进行动态定价。
- 禁止在市场动荡期进行动态定价。

获取服务条款：
- 禁止驾驶员拒绝为残疾旅客提供服务或者收取额外服务费用。
- 网约车公司应为低收入社区和具有《美国残疾人法》（ADA）特殊车辆的组织开展支持活动。

最新情况：2016年5月，奥斯丁居民对已更新的网约车公司条例进行了全民投票表决。如果获得批准，全民公决将废除奥斯丁市议会 2015 年 12 月批准的指纹识别要求。

资料来源：奥斯丁市，2014 年；哈灵顿，2016 年

♦ **定价法规**要求消费者能够获得预估的服务报价并在结束时获取服务收据，而这一规定同样会影响共享出行的发展。规定内容包括付款方式（例如接受信用卡/借记卡）、公布特殊折扣和高峰定价信息；在某些情况下，禁止特殊类型定价（例如禁止在自然灾害等情况下的额外定价收费）。

♦ **公平获取服务的法律**保障特殊人群和受保护人群能够获取服务也是影响共享出行服务发展的重要方面。具体内容包括遵守《美国残疾人法》（ADA）和禁止歧视法规，即不因种族、肤色、宗教、国籍、年龄、性别、怀孕、公民身份、家庭状况、残疾状况以及退伍人员身份而影响获取服务。其中许多法律不仅禁止对用户进行歧视，而且禁止共享出行公司对雇员设定歧视条款。

4.2 税收

共享出行服务（例如共享汽车、网约车、出租汽车、租赁汽车等）模糊的定义和服务模式，导致州政府和地方政府在如何向这些共享服务征税方面产生疑惑。其中，租车税特别受到政策制定者的欢迎，因为这些税收被认为是针对游客而非当地选民。通常共享出行服务涉及的税费包括租车消费税、营业税、地区附加费以及交易费。截至 2009 年，美国 43 个州和哥伦比亚特区颁布了 115 项汽车租赁消费税，其中很多已被用于共享汽车（Bieszczat，2011）。

DePaul 大学 Bieszczat 等人于 2011 年研究比较了占共享汽车市场一半份额的全国 13 个主要大都市中的 12 个城市的共享汽车预约价格，以评估共享汽车税收的整体影响。该项研究发现共享汽车税收对制订终端用户价格机制具有广泛影响，而共享汽车税率是一般商品和服务费率的 1.7~2.2 倍。

基于人口加权平均数方法，Bieszczat 等人发现相对于一般商品和服务 8.06% 的税率，1 小时共享汽车服务需缴税 17.93%，24 小时服务则需缴税 14.08%。例如，相较于一般 24 小时服务仅 10.5% 的税率，康涅狄格州 Hartford 共享汽车服务由于税费的原因使终端用户价格增加了 21.5%。而第一个小时的租车服务，由于需缴纳 6% 的州销售税（0.48 美元）、3% 的国家机动车辆租赁附加费（0.24 美元）、每天 1 美元的州机动车辆租赁附加费，这些税费最终也使原来 8 美元用户费增加到 9.72 美元。Bieszczat 研究结果显示（表 1）：当计算总成本和分项成本时，一小时汽车共享服务税率最高。

一小时共享汽车服务的总成本和分项成本　　　表1

城　　市	总成本（美元）	基本费率（美元）	税额（美元）	有效税率	适　用　税
新泽西州霍伯肯	14.63	9.00	5.63	62.56%	7% 营业税（州） 每辆 5 美元的租车费（州）
宾夕法尼亚州匹兹堡	14.09	9.25	4.84	52.32%	7% 营业税（州和郡）2% 汽车租赁税（州） 每辆 2 美元的租车费（郡） 每辆 2 美元的租车费（州）
亚利桑那州坦佩	11.40	8.00	3.40	42.50%	9.3% 租赁销售税（州、县和市） 3.25% 租赁附加费（郡）最低 2.50 美元
宾夕法尼亚州费城	10.14	7.25	2.89	39.86%	8% 营业税（州、郡） 2% 车辆租赁税（州） 2% 车辆租赁税（郡） 每辆每天 2 美元的租车费（州）
佛罗里达州迈阿密	9.65	7.00	2.65	37.86%	7% 营业税（州、郡） 每辆汽车租金附加费 2 美元（州）
新墨西哥阿尔伯克基	10.96	8.00	2.96	37%	7% 营业税（州、郡、市） 5% 汽车租赁税（州） 每辆汽车每日租金附加费 2 美元（州）

 第4章 公共机构在共享出行中的作用

续上表

城 市	总成本（美元）	基本费率（美元）	税额（美元）	有效税率	适 用 税
科罗拉多州科罗拉多泉	10.83	8.00	2.83	35.38%	7.4% 营业税（州、郡、市） 3% 汽车租赁税（郡、市） 每辆汽车每日租赁费 2 美元（州）
阿肯色州费耶特维尔	9.80	8.00	1.80	22.5%	9.25% 营业税（州、郡、市） 10% 汽车租赁费（州） 3.25% 汽车租赁费（地方）
康涅狄格州哈特福德	9.72	8.00	1.73	21.5%	6% 营业税（州） 3% 汽车租赁费（州） 每日旅游附加费 1 美元（州）
纽约州纽约市	13.19	11.00	2.19	19.91%	8.875% 营业税（州、市） 6% 汽车租赁费（州） 5% 汽车租赁税（地铁通勤费）
华盛顿州西雅图市	12.52	10.50	2.02	19.24%	9.5% 营业税（州、郡、地方） 9.7% 汽车租赁费（州/地方）

资料来源：转载自 Bieszczat 等人，2011 年

以下是几个共享出行中税收支持政策的例子。该数字并不包括华盛顿州的一项前期政策，该政策免除了共享汽车的租赁费和消费税（Bieszczat，2011）。2007年，这一豁免已被废除，并且州财政部对共享汽车征收 9.7% 的汽车租赁税。尽管立法方面正在为共享汽车分类制定相关定义，以免除租赁汽车税，但拟议法案未能引起重视（Bieszczat，2011）。伊利诺伊州试图立法将共享汽车从国家租赁汽车税分类中移除，但也未达到从委员会到立法层面所需要的投票数（Bieszczat，2011）。

共享交通中支持性税收政策示例

支持性共享汽车税收政策：
- 1999年，马尔特诺玛郡是第一个免除共享汽车 17% 汽车租赁税的司法管辖区。
- 2005年，波士顿修改其政策，即每年第一次使用共享汽车需缴纳 10 美元地区融资附加费，之后不需缴纳。而之前的政策是每次使用汽车租赁交易都需缴纳 10 美元的附加费。
- 2005年，芝加哥就该少于 24 小时的共享汽车租赁免征 8% 的个人财产租赁交易税。该城市将共享汽车定义为：基于会员组织的，提供自助存取具有保险车辆的服务，在每个租赁期间无须书面协议。

资料来源：Bieszczat，2011 年

另外,对网约车税收已经成为众多国际司法机构的主要问题。例如 Uber 一直是比利时和印度税收调查的对象,因为用户通过注册在荷兰的壳公司 Uber BV 来支付避免了缴纳地方税(Phys.org,2014 年)。2015 年 3 月,印度财政部对 2015—2016 年税收规定进行了修改,制定了"整合模式"税类概念,以对基于电子商务的出行进行收税,例如 Uber 和 Trip Advisor(Srivastava 和 Surabhi,2015 年)。在美国,有关出租汽车服务、豪华轿车以及网约车的税收政策尚未明确界定。关于驾驶员是否应该申报和缴纳税款、缴纳多少以及缴纳哪一类税等问题,在当地和州司法管辖区尚未得到明确答复。在乔治亚州,立法会已经成立了专项立法研究委员会,研究提出了租用汽车服务征税的方案,但是方案未能获得批准所需的票数。在联邦一级,驾驶员通过 W2 报税表(如果为雇员)报告工资或通过 1099s 报税表(如果为独立经营商)报告工资、其他所有收入作为整体收入的一部分,并按此缴纳联邦所得税。

4.3 保险

本节讨论关于共享汽车、P2P 汽车共享、共享自行车、合乘出行以及租车服务的保险问题。

共享汽车

随着 9·11 恐怖袭击事件的发生,共享汽车车辆保险问题日趋受到重视。当时,北美共享汽车运营商面临着更高保费,每辆车每年往往花费超过 2500 美元购买保险,因为保险公司面临更大的风险(Shaheen、Cohen 和 Roberts,2006 年)。根据 2008—2015 年对六家共享汽车运营商的保险研究,一辆共享汽车保险的平均成本已经降至每辆车每年 789 美元。虽然保险的选择变得更多也更便宜,但是随着许多创新共享模式的出现,车辆保险也在面临新的挑战。

2005 年,国会通过了《Graves 修正案》作为《二十一世纪交通运输公平法》的一部分,以保护租赁汽车的车主免受转承责任。2009 年,一名被 Zipcar 车辆追尾的驾驶员起诉肇事驾驶员和 Zipcar 公司,声称 Zipcar 应当对由于其车辆使用和操作过失而造成死亡、伤害和财产损失负责。2010 年,纽约最高法院裁定:

 第4章 公共机构在共享出行中的作用

Zipcar 受到《Graves 修正案》中豁免转承责任条款的保护（汽车租赁新闻，2010年）。2014年秋季，涉及 car2go 公司佛罗里达州醉酒驾驶员事故案的类似诉讼，并未正式开庭（Pacenti，2014年）。

个人对个人（P2P）共享汽车

随着个人对个人（P2P）车辆服务的出现，保险也重新成为一个关键问题。大多数州保险法没有跟上引进 P2P 模式的发展步伐。其中问题包括在租车过程中如何确定车主的保险条款何时结束、P2P 共享汽车运营商提供的商业保险条款何时生效。在加利福尼亚州、俄勒冈州和华盛顿州，P2P 车辆保险法案被分别批准为 AB1871、HB3149 以及 HB2384 的一部分（Shaheen、Mallery 和 Kingsley，2012年）。

俄勒冈州个人对个人共享汽车保险政策

俄勒冈已经批准了 P2P 车辆共享立法，其定义和概述了个人对个人车辆共享服务的保险赔付范围。具体来说，法律要求车辆共享计划提供车辆责任保险，并当计划投保车辆发生损失或伤害时获得赔偿。该法律还禁止车辆所有人对 P2P 汽车共享计划中的车辆取消保险，或将保险范围从个人车辆保险变更至商业用途车辆保险。

资料来源：汽车租赁新闻，2012年

加利福尼亚州 AB 1871 代表了第一个 P2P 保险法案，已经成为其他州制定个人车辆共享相关立法的重要模式。所有这三项法案将个人车辆共享定义为非商业用途车辆，并限制"汽车车主可能承担共享汽车转承责任的可能性"（AB 1871，2010年）。共享汽车保险计划对租用车辆承担提供保险，而业主的保险协议在汽车重新变为个人使用时重新生效（Shaheen、Mallery 和 Kingsley，2012年）。反过来，车主无须赔偿共享使用中发生事故造成的任何损失或伤害。在车辆作为共享计划一部分时，车辆使用时间、初始位置和最终位置，必须通过"可核实的电子记录"来加以明确界定（AB 1871，2010年）。这可以防止一些未认证车辆在共享使用时也受到共享汽车计划的保险的保护（Shaheen、Mallery 和 Kingsley，2012年）。

共享自行车

除了汽车共享和 P2P 汽车共享保险以外，当一辆自行车涉及严重车祸而导致人身伤害、死亡或财产损失时，自行车共享计划的车主和运营商都有可能面临起

诉。就像共享汽车一样，共享自行车车主和运营商可以通过签署免除赔偿条款、保持设备维护良好并且教育用户了解自行车和道路安全来控制风险和免除责任。与租赁汽车和共享汽车不同，共享自行车计划对转承责任并没有法定保护，而且共享自行车用户在出行交易时无法购买保险。因此，用户和共享自行车运营商可能要对因车辆设备损坏等情况造成的事故承担责任。一般商业责任保险可以保护共享自行车运营商免受公共和产品责任风险的影响，包括被保险人直接或间接行为造成的人身伤害或财产损失。而第三方责任保险旨在提供对第三方索赔的保护（例如：某人因使用共享自行车系统遭受损失，或非共享用户因共享自行车车辆而遭受损失）。一般来说，除非有赞助者或地方政府为企业投保，大多数北美共享自行车的服务计划都含有某种形式的第三方责任保险。虽然大多数共享自行车运营商都有相应保险来保护其免受诉讼，但大多数政策并不能完全保护骑车人避免因事故造成的医疗费用损失和工资损失（Glover，2013年）。

合乘出行

合乘出行计划（包括轿车合乘和厢式客车合乘），根据不同的合乘出行组织方式会存在各种风险。通常情况下，基于雇主的合乘出行计划采用三种运营模式之一：1）雇主拥有车辆并单独运行项目；2）雇员拥有并运行项目，雇主根据情况给予补贴；3）第三方承包商拥有车辆并管理合乘出行项目（商业保险，2008年）。如果车辆涉及通勤事故，雇主所应承担的责任可能是一个关键问题。许多雇主禁止在工作日内使用合乘出行车辆进行非通勤出行服务，以避免这一责任。雇主通过将其合乘出行项目外包给第三方承包商，例如 vRide 和 Zimride，来进一步降低其事故相关责任。雇主和第三方承包商也可以通过加强车辆维护和驾驶员筛选流程（包括身体检查和背景检查）来减少潜在事故风险。在加利福尼亚州，如果某合乘出行服务是由政府机构资助或授权，法定条款将保护雇主可以免受合乘出行事故造成的雇员赔偿要求，具体包括涉及温室气体减排、减少当地出行总量以及保护空气日的政府安排的任务（Business Insurance，2008年）。

出租汽车驾驶员法

与出租汽车服务相关的安全和保险风险长期以来一直是讨论的话题。2006

第4章 公共机构在共享出行中的作用

年完成的纽约市出租汽车事故综合研究发现：以单位行车里程计算，出租汽车驾驶员的责任事故率比一般公众低30%。然而，该项研究还指出：当发生事故时，所造成的人身伤害程度却远远高于非商业车辆驾驶员（Schaller Consulting，2006年）。许多保险公司根据驾驶员经验和已有安全措施来收取保险费用（Fraker，2014年）。然而对事故的分析可以发现，既有的筛选方法可能会忽视一些对驾驶员和乘客安全造成负面影响的因素。驾驶员在提供出租汽车辆服务中遇到的盗窃和暴力犯罪中也是一种安全风险。而使用社交网络组件（即评级系统）可以在一定程度上减轻这部分风险，因为乘客的部分个人信息可以通过社交网络得以确认。

随着诸如uberX和Lyft等网约车服务的出现，保险再次成为共享出行政策的一个突出问题。2012年秋天，加利福尼亚州公共事业委员会（CPUC）针对违反有关承运人监管规定，向Lyft和Tickengo发布通知勒令停止。2013年夏天，加利福尼亚州公共事业委员会定义了"网约车"，即"通过使用在线APP或平台（例如智能手机APP），通过使用个人车辆来连接驾驶员提供预先安排的客运服务"。加利福尼亚州公共事业委员会在审查公共政策和租赁车辆服务保险要求的同时，批准了网约车临时运营的手续。

加利福尼亚州网约车公司政策

加利福尼亚公共事业委员会（CPUC）是定义网约车公司的第一个公共机构。它的定义是"通过在线平台连接乘客和使用个人的非商业用途车辆的驾驶员以提供预先安排的出行服务的公司"。加利福尼亚公共事业委员为加州网约车公司建立了一系列法律运营要求，包括如下：

- AB 2293法案于2015年7月1日生效，其补充了加利福尼亚公共事业委员会的保险要求，强制要求在第一阶段内提供保险（图4）。法律规定：网约车公司需提供每人50000美元，每次事故100000美元，财产损失30000美元保额的保险。
- 当驾驶员在接送途中以及运送乘客时，受到100万美元保额的责任保险保护，一旦驾驶员打开APP，则有最高达100000美元责任险保护，参见图4。
- 网约车公司应在加利福尼亚公共事业委员会颁发的经营许可证下提供经营服务。
- 每名驾驶员应接受犯罪背景调查。
- 应建立驾驶员培训计划。
- 对毒品和酒精执行零容忍政策。
- 应进行19方面的车辆检查。
- 在机场参与商业行为或进入任何机场之前，应先获得机场授权。

资料来源：加利福尼亚州公共事业委员会，2015年

2014年1月，一名自称"走神"的驾驶员在操作 Uber APP 时发生交通事故，并造成一名六岁儿童死亡。这个事件引起了全国对网约车分心驾驶问题、安全问题和保险生效期问题的思考。2014年，加利福尼亚州公共事业委员会提高了对网约车公司要求，即驾驶员需购买100万美元保额的责任保险，还有例如进行背景调查和车辆检查等要求。有关加利福尼亚州公共事业委员会当前对网约车进行监管要求的更多信息，请参见下文。许多网约车政策管理保险包括三个时间区间：1）当驾驶员登录 APP 并可以开车时；2）从驾驶员接受订车请求到接到乘客期间；3）乘客从起始点开始乘车到到达目的地期间。有关这些区间的详情，请参阅图4。

APP 关闭时	1. APP 打开等候乘客	2. 接客途中	3. 车内乘客出行期间
在 APP 关闭时，网约车公司不提供任何保险。驾驶员则由其个人保险来承担潜在事故损失	当驾驶员个人保险不提供保险时，网约车公司提供有条件责任保险。典型有条件责任保险保额为每人5万美元的受伤险（事故总额10万美元），2.5万美元的财产损失险	通常情况下，网约车公司提供每起事故高达100万美元商业保险、每起事故高达100万美元的针对对方因无保险或低额保险无法赔付时的额外保险，每起事故5万美元有条件综合保险（可抵扣）	通常情况下，网约车公司提供每起事故高达100万美元商业保险、每起事故高达100万美元的针对对方因无保险或低额保险无法赔付时的额外保险，每起事故5万美元有条件综合保险（可抵扣）

资料来源：交通运输可持续发展研究中心（TSRC）

图4　网约车驾驶员不同阶段的保险

2015年，一些私营部门保险提供商开始在需要覆盖的特定市场提供保险，如驾驶员开启 APP 并等待乘车匹配时。例如，美国联合汽车协会（USAA）在科罗拉多州启动了一项试点计划，该保险选项旨在为已经参保的网约车提供从打开 APP 开始直到与乘客匹配阶段的保险服务，每月需额外支付 6~8 美元（Hirsch，2015）。Motromile 和 Uber 合作，通过将电子狗插入车载诊断（OBD）系统来提供即付即用保险选项（Cecil，2015）。Metromile 通过跟踪驾驶并与 Uber APP 进行配对，可以从个人英里程减去服务里程，只向驾驶员收取非 Uber 出行者的费用。Metromile 目前可用于加利福尼亚州、伊利诺伊州和华盛顿州。最后，Allstate、Erie、Farmers、Geico 商业以及 Progressive 都在特定市场为网约车驾驶员提供保

 第4章 公共机构在共享出行中的作用

险服务（Cecil，2015）。

即使是加利福尼亚州公共事业委员会网约车政策，州政府机构之间的政策协调仍然存在挑战。尽管加利福尼亚州公共事业委员会对租用汽车服务拥有监管权力，加利福尼亚州机动车辆部（DMV）最近建议驾驶员即使其偶尔接载乘客，也必须拥有商业牌照（Hoge，2015）。目前，这个问题正在审查中，并且多个州政府机构正在评估对运营商的要求（Costa，2015）。

4.4 停车和通行权

对停车和通行权的分配仍然是一个关键问题。在共享出行早些年间，共享汽车路内停车有优先权。费城、波特兰（俄勒冈州）、温哥华（不列颠哥伦比亚省）以及加利福尼亚州代表了停车和通行权政策的早期开拓者。随着共享出行运营商和运营模式之间对路边和其他公共空间的日趋激烈的竞争，以及共享汽车、共享自行车、高科技公司班车等不断出现的创新服务模式，共享出行在停车和通行权方面对新政策的需求也不断增加。

共享汽车

在站点式共享汽车中，有许多停车政策的案例。例如，俄勒冈州的波特兰开发了"选择区"，一个由橙色杆限定共享汽车停放空间，并且附加自行车支架，可以安装停车计时器表头和限制装置的区域。宾夕法尼亚州费城为汽车共享制定了自己路边停车政策，最初只允许非营利运营商进行路边停车，而费城也是第一个区分营利性和非营利性汽车共享运营商的城市。不列颠哥伦比亚省温哥华作为最早颁布通用停车许可证的城市之一，颁发了专用于共享汽车车辆的许可证。通用许可证可使共享汽车会员在所有19个城市停车区停放共享汽车车辆。温哥华的政策虽然针对往返共享汽车，但也为如巡游单程共享汽车等类似的模式提供便利。加利福尼亚州修改了AB 2154中的车辆法规，允许地方政府指定区域供共享汽车和乘坐共享车辆路边停车使用。而在以前，州机动车辆法规禁止为满足共享出行指定路边停车区域。

共享出行 原则与实践

俄勒冈州波特兰市内选择区和停车场拍卖

波特兰在二十世纪二十年代初期制定了第一项路边共享汽车停车政策，其中包括"选择区"——带有自行车车架的橙色杆，可以安装在停车计时器表头上，以提高公众对共享汽车的认识，并鼓励出行方式整合。2013年1月，波特兰市修改其共享汽车停车政策，并为共享汽车停放设立了拍卖程序。每年，波特兰交通运输局都会列出可用于路边收费停车的车位清单，用于租赁给共享汽车运营商。交通运输局负责管理拍卖过程，共享汽车运营商提出报价。通过估算停车收费收入以及相关安装、维护和行政管理成本，来计算最低报价。对于收费区之外的区域，共享汽车运营商在经过相邻业主批准后，申请路内停车。

资料来源：Shaheen、Cohen和Roberts，2006年

最近的公共政策修订及试点项目试图解决运营商之间的竞争，并为巡游单程服务模式停车提供更多灵活性。旧金山目前正在实行的一个试点项目执行了一项政策，即在多个往返和P2P共享汽车提供商之间分配多达450个停车位。

加利福尼亚旧金山往返共享汽车的停车政策

旧金山市交通运输局（SFMTA）正在实施一项路边共享汽车停车项目。旧金山市交通运输局路边共享汽车停车项目，在全市指定450个停车位用于共享汽车停放，CarShare、Zipcar以及Getaround等都参与这个项目。旧金山市交通运输局制定的相关要求包括：

- 共享汽车运营商应保证在全市有10辆汽车以上的规模；
- 运营商需提供使用虚拟店面（无须工作人员）每周七天，每天24小时全天候可用的车辆或提供在车库停放的可用汽车。
- 运营商为每位会员提供租赁期间的汽车保险。
- 车辆只能以小时为单位进行租赁。
- 共享汽车在任一月至少75%的时间可以提供服务。
- 运营商应开展招募新会员宣传活动，并向旧金山市交通运输局提供宣传活动总结报告。
- 运营商应以各行政区会员分布、车辆位置、行程数据以及运营指标为内容，向旧金山市交通运输局提供该市会员使用情况的季度报告。
- 在试点项目开始和结束时对会员进行调查以了解其出行行为变化情况。

参加该计划的运营商可申请获得150个停车位（占该市路边停车总数的0.05%）。旧金山市交通运输局执行委员会通过工程审查、社区宣传以及批准分配停车地点。根据旧金山市交通运输局设立的三个需求区，每个车位每月定价从50~225美元不等。运营商必须支付一次性安装费400美元。每辆获得批准的共享汽车车辆都收到一个特别停车许可证，可免除街道清扫、时间限制和其他限制。

资料来源：旧金山市交通运输局，2013年

2015年9月，波士顿试行类似于旧金山的为期18个月的停车试点项目。在西雅图，市议会已经开展了一个先前试点计划，允许最多四个共享汽车运营商对

第4章 公共机构在共享出行中的作用

路边停车权开展竞争。西雅图的政策与旧金山政策不同,允许为单程服务模式的共享汽车提供停车服务。其他一些地区例如华盛顿特区、得克萨斯州奥斯丁和俄亥俄州哥伦布市实施了类似政策,允许为浮动式共享汽车提供停车服务(Segraves, 2014年)(Austin市,2009年)(Rouan,2014年)。

华盛顿州西雅图市浮动式共享汽车停车项目

单程灵活式汽车共享项目,对运营商提供停车服务提出了一系列运营挑战。2012年12月,西雅图市议会批准了一项为期一年的Car2go试点计划,使车辆能够在该市周边自由停放。Car2go每年为每辆车(共350辆)支付1330美元,用于行政费用、路边停车费用,以及在住宅的停车许可申请费用。Car2go需要向市管理部门提供停车位使用数量的有关数据,并在每年底向该市支付使用中可能产生的额外停车费。2014年12月,西雅图修改了共享汽车政策,允许多达四家共享汽车运营商各申请500个车辆停车许可(如果运营商同意覆盖整座城市,则为750个车辆停车许可)。许可收费标准为每年每车1703美元。据估算,在2015年该项目收入达220万美元,在2016年则达340万美元。

资料来源:西雅图市,2015年

公共自行车

在北美,大多数公共共享自行车出租亭位于公共场所(通常在路边停车位)。一般来说,站点由政府授权,按照公共机构建设程序操作、通过市征询方案(RFP)过程授予土地使用;或者运营商请求签署非正式协议或谅解备忘录/协议,获取地役权和开发权(Shaheen S. A.、Martin、Cohen和Finson,2012年)。

高科技公司班车

除了路边停车以外,上下客区也成为一些司法管辖区公共政策的关注点。旧金山市交通运输局在高科技公司班车上的停车问题遇到政策难题,因为高科技公司班车干扰了城市公共汽车的停车。2014年1月,旧金山市交通运输局宣布了一项计划,使得这些班车服务可以通过支付费用进入公交乘车区域,前提是遵循某些准则,例如礼让公交车,以便为公交汽车让出的空间(旧金山市交通运输局,2014年)。州法律将该项计划的收费控制到一定范围。2015年10月,每辆班车每次停靠的费用为3.67美元(旧金山市交通运输局,2015年)。

4.5 标牌和广告

地方当局在制定与共享模式相关的标牌和广告政策方面发挥着关键作用。包括允许街道和路边标记、标志、街道装置以及寻路标志和规范私营部门标牌和广告。例如，在2000年初，波特兰市建立了"选择区"，自行车车架安装在橙色立杆上并配有停车计时器，而这些已有的设施如今都可为共享汽车所用（图5）。政府已经制定了法规，将此处设立了路标，以标明共享汽车停车及高科技公司班车接送和下车的地点。

图5　波特兰共享汽车选择区

除了为共享出行方式提供标牌和街道设施标志物之外，地方政府和公共机构还在管理公共共享自行车站点投放广告方面发挥着作用。尤其是共享自行车，运营机构可以通过用户收费、广告费和赞助费（包括冠名权、独家冠名的设施设备等）来降低运营成本。2012年有关共享汽车的研究中，赞助和广告占运营商收入来源前三组成部分中两项（Shaheen S. A.、Martin、Cohen和Finson，2012年）。而华盛顿特区正面对因共享自行车站点赞助广告所带来的挑战，因为该市有一条例禁止在区属财物上投放广告，为此，特区政府专门立法来允许在公交汽车候车亭上对共享自行车投放广告（Kaplan，2010年）。而这样通过修改地方性法规实现投放广告，可以帮助共享自行车项目等共享出行运营商最大限度地通过各种广告媒介来实现成本回收。

4.6 出行方式整合

公共交通机构在推进共享模式出行方式整合方面发挥着重要作用。即为实现信息技术、联合营销、票价一体化以及公共交通折扣等提供政策指导和技术援助。这些政策可以在破解现有交通运输系统中的技术壁垒、出行一体化障碍，打消人们对发展出行方式整合方面的疑虑发挥关键作用。

历史上，诸如共享汽车和共享自行车等大多数共享模式，成功地与公共交通融合或在邻近公共交通的位置提供服务。虽然美国许多机场采取了相关的网约车条例，但还有很多机场尚未这样做，往往禁止在机场及其他提供出租汽车服务的周边地区运营网约车。2014年10月，旧金山国际机场（SFO）修订了地面交通运输条例，允许三家大型网约车服务供应商在机场提供运营服务（Soper，2014）。2015年2月，旧金山国际机场当局再次修订其规定，允许在机场运营电召出租车服务（Soper，2015）。2015年3月，加利福尼亚州奥兰治郡的约翰·韦恩国际机场也修订了其政策，允许机场周边提供乘客网约车接送服务（Fleischman，2015年）。

尽管在公共交通所在地或附近采用协同共享模式已经寻常，但实现票价和信息整合仍然是很大的挑战。芝加哥交通运输局和IGO公司（现在是Enterprise CarShare）推出芝加哥联合支付卡，这是北美第一个集成共享出行和公共交通的支付卡。近期其他的创新模式包括双子城的HOURCAR和Metro Transit之间的票价整合，以及BCycle、RideScout和其移动支付子公司GlobeSherpa之间的合作。其他更多近期有关信息，请参阅表2。

共享交通出行方式整合工作的示例　　　　　　　表2

示　例	说　明
阿灵顿郡与美国Capital共享自行车公司协同交通发展规划	2011年10月，阿灵顿郡开始与美国Capital共享自行车公司一同开展规划，以实现公交远期发展规划与美国首都共享自行车公司完成出行方式整合。到2012年11月，该郡交通发展计划（TDP）建立了一个战略蓝图，即如何在阿灵顿郡更有效地集成共享自行车和公共交通运输。该规划时间范围至2018年（Bike Arlington，2012年）

共享出行 原则与实践

续上表

示 例	说 明
Bcycle 和 RideScout 合作	2015年10月，BCycle 和 RideScout 进行了一次尝试，允许用户通过使用整合出行 APP 软件 RideScout 来解锁共享自行车并完成支付（Marich，2015年）
旧金山湾区 Caltrain 站点共享自行车	许多公共自行车运营商共用公共交通枢纽的共享自行车站点。湾区自行车共享正在采取区域性方式，沿着旧金山到圣荷塞近50英里 Caltrain 走廊的七个站点放置自行车（湾区自行车共享，2015年）
共享汽车自行车停放架	在2014年11月，Car2go 宣布在其车辆上安装自行车车架，作为俄勒冈州波特兰市试点项目的一部分（Andersen，2014年）
华盛顿大都会区域交通管理局（WMATA）的共享汽车停车	诸如华盛顿大都会区域交通管理局等许多公共交通管理机构，在火车站和停车场提供了共享汽车停放空间。华盛顿大都会区域交通管理局于2011年开始在相关设施周边提供共享汽车停放服务。2015年，政府通过了 Enterprise CarShare 公司的申请，允许该公司在45个地铁站点提供共享汽车服务（Zauzmer，2015年）
芝加哥联合交通卡	2009年，芝加哥交通运输局（CTA）在北美推出首张联合支付卡。该卡为芝加哥城市公交汽车和火车、市郊公交车以及 IGO 共享汽车车辆提供一体化支付和存取系统（Center for Neighborhood Technology，2013年）
达拉斯地区快捷公交（DART）与 Uber 的合作伙伴关系	2015年4月，达拉斯地区快捷公交部门宣布与 Uber 公司建立合作伙伴关系，使乘坐公共交通的乘客可以通过达拉斯 GoPass 移动票务 APP 软件连接到 Uber（DART，2015年）。Uber 和亚特兰大大都会交通运输部门之间也存在类似的伙伴关系（Jaffe，2015年）
双子城 Hourcar 和地铁交通票价一体化	2015年9月，Hourcar 和地铁交通公司宣布合作，允许共享汽车会员使用其 Go-To 交通卡来存取 Hourcar 车辆。新的合作伙伴关系使用户更方便地在公共交通和共享汽车之间实现无缝连接（Harlow，2015年）
Kitsap 郡共享汽车计划	在华盛顿州 Kitsap 郡，郡交通运输管理局成立 Scoot 共享汽车项目，共享六辆汽车。Scoot 是美国第一家建立和运营自己共享汽车计划的公共交通运输运营商（Kitsap 郡交通，2013年）
圣荷塞市国际机场网约车乘车区	2014年，圣荷西国际机场修订其商业地面交通运输规则和法规，修正内容整合了网约车服务，使 uberX 和 Lyft 公司可以提供运输服务，并合法进出机场乘车区（圣荷塞市，2014年）
俄勒冈州波特兰市的选择区	波特兰选择区用配有自行车车架的高橙色杆来明确共享汽车停车区，以便建立共享自行车和共享汽车之间的联系。选择通常位于公共交通附近（Shaheen、Cohen 以及 Roberts，2006年）

第4章 公共机构在共享出行中的作用

技术趋势的转变可能会加速一体化进程。截至2014年，约有超过90%的公共交通收费是使用公共交通机构管理的"闭环"收费卡来完成支付（Shaheen和Christensen，2015年）。据预测，到2023年底，使用公共交通机构管理的票价卡完成支付占公共交通票价支付总额的比例将小于10%，而其余90%的支付份额将由银行卡和移动支付系统瓜分（Shaheen和Christensen，2015年）。新兴技术诸如低功耗蓝牙及近场通信，辅以智能手机APP和移动支付，都可以为消费者提供共享出行支付服务；同样，如移动电话等电子设备也可以协助完成公共交通出行的支付行为（Bender，2013年）。虽然实时和开放数据逐渐变得容易获取，但如何将公共交通出行规划与其他交通出行模式，特别是共享模式结合起来，在许多地区内仍是挑战。缺乏可用实时数据和应用程序接口（API）访问，以及公共和私营部门之间不情愿合作，都为多模式联运数字化的实现提出了挑战。

诸如Modo等一些共享汽车运营商在车辆定位、车辆类型、定价等方面提供开放数据，并作为其应用程序接口（API）的一部分。公共交通机构还可以积极融入整体规划，从而实现共享模式集成化，与共享汽车停放、共享自行车信息亭、租车服务候车区共享停车空间等目的。表2给出了公共机构鼓励出行方式整合的一些例子。共享出行运营商也应积极与公共机构联合，实现出行方式整合。例如，Car2go最近在其波特兰共享汽车车队上安装自行车车架，以鼓励形成自行车—共享汽车出行链（图6）。

图6 Car2go车辆上的自行车车架

4.7 规划过程

地方和地区政府在将共享出行纳入其交通运输系统时有着多重目标。这些目标包括缓解道路拥堵和停车拥堵，减少车辆行驶里程和车辆保有量、改善空气质量、解决气候问题、向交通服务水平不高的人群（例如低收入社区）提供服务等。将共享出行纳入市政和区域规划进程（例如土地使用和交通运输计划）通常需要数据帮助预测共享出行对公共基础设施的影响。将共享计划纳入市政总体计划，可有助于明确交通运输系统的问题和发展方向。规划过程将评估共享自行车、共享汽车、网约车等共享模式产生的影响。一些州通过了交通运输和土地利用协同的相关立法，以满足空气质量和减缓气候变化的倡议，例如加利福尼亚州 SB 375 法案（2008 年可持续发展社区及气候保护法）。此外，规划过程还可以使公共机构和地方政府建立征求居民、企业、实际和潜在用户以及受共享出行影响的其他用户反映意见和建议的渠道。

在将共享出行纳入城市规划时，公众参与是很重要的。公众参与可以减少其对发展共享出行的抵触情绪（例如，将已有停车位提供给共享汽车或共享自行车使用），并且可以减轻受影响的利益相关者的担忧情绪（例如，与共享自行车租车亭相邻的商铺或者受网约车影响的出租汽车驾驶员）。公众参与应体现在政策制定的每个阶段，公众参与的方式包括参加社区会议、参加听证和批准程序、参与选举机构来制定、评论或批准公共政策。一些司法管辖区赋予市议会、公共交通机构、公共事业委员会以及停车管理机构对共享出行不同程度的管理权。通过定期会议和公众意见征询过程，公众在行使决策参与权可以发挥重要作用。例如，2005 年华盛顿特区开始实施共享汽车停车政策，并提出未来如需增加共享汽车停车位，应当首先向地区咨询委员会提出申请，并得到交通运输部门批准的政策建议（Shaheen、Rodier、Murray、Cohen 以及 Martin，2010 年）。在纽约市，交通部门（DOT）共举办了 159 次公开演讲、宣传活动以及 230 次相关官员、业主、其他利益相关方参与的会议。在活动和会议中，征集公众对该城市共享自行车项目建设和运营的意见（纽约市交通运输局，未注明出版日期）。作为其外展工作的一部分，交通部门建立了一个在线门户网站，收集公众建议。另外，250 多个组织、社区团体和民选官员参加了 14 项 Citi Bike 系统规划和设计的规划研讨会（纽

 第4章 公共机构在共享出行中的作用

约市交通运输局，未注明出版日期）。

4.8 数据共享、隐私和标准化

公共机构和私营部门合作开展数据标准化、数据共享以及保护敏感数据工作，对于充分了解共享出行对交通系统的影响以及鼓励创新来说非常关键。共享出行运营商通常抓取几项重要数据：共享服务的起点和目的地（例如，共享汽车、共享自行车车辆即用户出发和返回位置）、行程开始时间和行程持续时间。很多共享出行服务提供商主动或根据监管要求与公共机构共享数据。例如，作为2005年华盛顿特区共享汽车停车协议内容的一部分，申请路边停车资源的共享汽车运营商被要求向交通运输部门按季度报送数据，用以评估停车计划的影响。2012年，在SFpark试点项目期间，City CarShare公司主动向旧金山市交通运输局共享数据，以协助规划人员和政策制定方研究制定共享汽车停车政策。

除了与公共机构的数据共享以外，一些共享出行服务提供商会公开数据以便公众下载。加州湾区共享自行车公司、Capital共享自行车公司以及Citi Bike公司则是提供大量公开数据的几个代表运营商，公开数据包括出行起始点和目的地（位置和时间）的信息、用户类型（例如会员类型）、年度会员家庭住址的邮政编码、自行车编号、天气信息以及各存取车点的可用车辆数信息。由于服务可用实时数据不断丰富，运营商也开始在网站和APP上为用户和非用户提供此类数据，数据包括位置信息、可用共享自行车数量和分布信息等。除了在运营商网站上提供这些数据以外，通过应用程序接口（API）与第三方开放数据也逐渐普遍，例如出行整合软件、出行规划网站以及智能手机APP软件。Uber已经建立了一个应用程序接口，向OpenTable、Trip Advisor、美国联合航空公司等第三方APP公司提供整合数据信息。2015年1月，uberX宣布将在第一季度数据的基础上与波士顿市一同分享用户匿名出行数据，以践行公司的"新国家数据共享政策"（Badger，2015年）。

除了数据共享以外，数据隐私和安全仍然是许多共享出行消费者的担忧。共享出行运营商拥有其用户、雇员和独立承包商在内很多高度敏感的数据，例如个人可识别信息、出行信息以及财务信息。2013年，Citi Bike软件故障暴露了用户

个人和财务敏感信息，其中包括近 1200 名共享自行车用户的信用卡号码（Mann，2013 年）。自 2014—2015 年，涉及 Uber 的一系列隐私丑闻提高了公众对数据敏感度的意识以及提醒了共享出行服务提供商隐私和安全的重要性（Canedo，2014 年）（Covert，2015 年）。2014 年，两名 Uber 前员工向媒体透露：其公司大规模地使用被称作"God View"的工具来跟踪驾驶员和客户。2015 年 2 月，Uber 宣布一名黑客在 2014 年 5 月发生的数据盗窃事件中获取了大约 50000 名之前和事发时的驾驶员的姓名及驾驶执照号码。

对此，Uber 采取应对措施，包括告知受到影响的驾驶员，并向受到影响的个人提供一年的免费的信用监控服务资格（Covert，2015 年）。该公司非常重视数据安全，并已采取措施，以确保数据安全性更加严格以及共享出行行业的其他数据安全。

最后，数据标准化对于确保多用户和多平台的数据兼容性来说至关重要。2015 年 11 月，北美 Bikeshare 协会宣布采用开放式数据标准，承诺以标准格式提供实时数据，这样这些数据可以很容易地纳入智能手机的 APP 中（Fried，2015 年）。更多全行业标准则通过协会或政府发布，这样做可以有助于制定清晰一致的数据格式、数据共享协议和隐私保护，以确保平台间实现公开数据并保证数据的隐私性和兼容性。

4.9 可达性和公平性问题

可达性问题面对的主要挑战是地方政府、公共机构和共享出行提供商要求不尽相同以及如何确定具体的衡量标准。美国《1964 年民权法案》第六条中规定："任何人……不得以种族、肤色或国籍为由被剥夺、限制参与联邦财政支持的项目与活动，或受到歧视待遇"。多年来，这一定义已经扩大到包括宗教、年龄、性别、怀孕、公民身份、家庭状况、残疾、退伍军人状况等附加保护类型。除了这些群体以外，公平问题还可能涉及一些其他群体例如低收入个人和社区。1987 年，美国修正了第六条，将非歧视性要求扩大到联邦支持的所有项目和活动，而非仅仅是联邦基金资助的项目和活动。由于许多共享出行运营商接受来自联邦资助机构的直接资金和非资金支持（例如公共交通机构免费或减少成本停车），因

 第4章 公共机构在共享出行中的作用

此非歧视性要求可以适用接受这种支持的共享出行运营商。

正如第3章所讨论的那样,关于共享汽车和共享自行车用户的多个北美研究表明:共享汽车会员和短期及长期共享自行车用户更多是年龄在20~35岁的白人男性,受教育程度高于普通人群(Shaheen S、Martin、Chan 和 Pogodzinski,2014年)(Dill、Mathez、Nathan 以及 Howland,2014年)。在许多情况下,共享出行项目往往难以吸引和服务城市的所有人群(尤其是弱势群体),但有若干研究结果表明共享出行往往可以通过改善就业机会,提供更便宜、更快捷、更可用出行等方面提高弱势群体生活水平。

保证低收入群体获得服务

低收入用户一直以来仍难以获得信用卡和借记卡,这给他们使用共享自行车造成了障碍。在华盛顿特区,美国 Capital 共享自行车公司与金融机构合作,通过允许用户建立服务账户,获得借记卡、接收促销礼品卡等方式降低用户获得共享自行车会员的成本。

华盛顿哥伦比亚特区计划中的美国 Capital 共享自行车公司银行

低收入群体获得共享自行车服务是运营商和地方政府之间共同关注,因为按要求用户必须要有借记卡或信用卡注册并接受服务。因此,在华盛顿特区,美国 Capital 共享自行车公司与联合银行和地区政府雇员联邦信贷联盟(DGEFCU)合作,允许其用户开立银行账户,并获得借记卡。并赠送新账户持有者25美元的礼品卡,这一金额接近公司会员年费金额。

资料来源:美国 Capital 共享自行车公司,2015年

在波士顿,作为扩大城市 Hubway 共享自行车系统支持资金的一部分,市议会要求城市工作人员制定一个书面规划,将服务系统扩展到服务水平不足的地区。在旧金山湾区,美国城市共享汽车公司提供低收入共享汽车计划,包括向低收入至中等收入用户提供会费和使用补贴。作为申请补贴的条件,申请者需要得到六个为低收入和中等收入居民和客户提供服务的项目合作伙伴中其中一个的推荐(美国城市共享汽车公司,2015年)。

老年人出行

城市共享汽车公司(City Carshare)通过与 NextVillage(一家位于旧金山的

非营利机构）合作为老年人提供服务。这是为数不多的几个专门针对老年人出行提供共享服务的公司。NextVillage 为每个季度社区义务服务超过 12 小时的人员提供为期一年的免费共享汽车会员资格，用以推动老年市民生活质量的提升（美国 City CarShar 公司，2014 年）。

保证残疾人获得服务

保证残疾人获得服务是保证共享模式发展的一个重要挑战。2014 年 12 月，奥斯丁市议会通过了一项针对网约车的条例，规定驾驶员不得拒绝为残疾人提供服务或者向残疾乘客收取额外费用。在加利福尼亚州伯克利市，非营利的城市共享汽车公司于 2008 年推出了全国首款实现车载轮椅的共享汽车，被称为 AccessMobile。而该公司又升级这项服务，包括在旧金山提供能够搭载轮椅的轻型客车共享出行服务。2015 年，Buffalo CarShare（现为 Zipcar）在接收城市共享汽车公司的服务后，成为第二家可以提供搭载轮椅的共享汽车的服务运营商（Susan Shaheen，未公布数据，2015 年）。

地方政府、公共交通运输机构以及共享出行提供商可以通过向大多数人提供无差别服务（包括但不限于低收入者）、满足合法的特殊需求和将服务水平不足的地区纳入未来规划等工作，来遵守《美国残疾人法案》第四条要求。

得克萨斯州奥斯丁《美国残疾人法案》（ADA）网约车保护条款

2014 年 10 月，奥斯丁市批准了一项管制网约车的条例。该条例特别禁止驾驶员拒绝向残疾乘客提供服务，或收取较高的费用。此外，条例规定，网约车要积极为低收入社区和组织提供服务，并提供符合《美国残疾人法案》要求的车辆。

资料来源：奥斯丁市，2014 年

4.10 结论

地方政府可以在交通运输政策、规划、网络运营、拥堵减缓、停车管理、遵守空气质量和气候行动标准等方面影响共享出行服务的发展。涉及公共政策和共享出行的领域包括如下：

第4章 公共机构在共享出行中的作用

- 健康、安全和消费者保护；
- 税收；
- 保险；
- 停车和获取通行权；
- 标牌和广告；
- 出行方式整合；
- 规划过程；
- 数据共享、数据隐私和标准化；
- 无障碍性和公平性。

地方政府、公共交通机构、开发商、雇主、大学和交通运输管理协会之间建立公私伙伴关系，对于共享出行的发展和成功来说至关重要。公私伙伴关系包括一系列支持，包括对金融和市场方面的支持、赋予停车和通行权、将共享出行融入规划过程、地方法规和公共交通发展中。因此，公私伙伴关系在解决助力共享出行发展、促进社会和环境效益最大化等方面的作用十分关键。

本章参考文献

AB 1871, Reg. Sess. (CA. 2010)

Andersen, M. (2014, November 12). bikeportland.org. Retrieved February 9, 2015, from http://bikeportland.org/2014/11/12/car2gos-new-bike-racks-passed-portland-test-113344

Auto Rental News. (2010, June 16). Zipcar Granted Graves Protection. Auto Rental News.

Auto Rental News. (2012, January 11). Legislation OKs Peer-to-Peer Car Sharing in Oregon. Retrieved from Auto Rental News: http://www.autorentalnews.com/channel/fleet-insurance/news/story/2012/01/peer-to-peer-car-sharing-now-legal-in-oregon.aspx

Badger, E. (2015, January 13). Uber offers cities an olive branch: your valuable trip data. The Washington Post.

Bay Area Bike Share. (2015, February 9). Retrieved February 9, 2015, from http://www.bayareabikeshare.com/

Bender, A. (2013, September 10). PayPal taps Bluetooth for contactless payments. Retrieved March 7, 2015, from http://www.techworld.com.au/article/526008/paypal_taps_bluetooth_contactless_payments/

Bieszczat, A. (2011). The Taxation of Carsharing: Is Public Policy Consistent with the Public Benefits of Carsharing? . Chaddick Institute for Metropolitan Development (p. 23). Chicago: DePaul University.

Bike Arlington. (2012, November). Arlington Bikeshare Transit Development Plan (TDP). Retrieved March 7, 2015, from http://www.bikearlington.com/pages/bikesharing/arlington-bikeshare-transit-development-plan/

Business Insurance. (2008, August 31). Vanpools cut costs, increase some risks. Commuting aid adds to liability exposures.

California Public Utilities Commission. (2015, April 28). Transportation Network Companies. Retrieved from California Public Utilities Commission: http://www.cpuc.ca.gov/PUC/Enforcement/TNC/

Canedo, N. (2014, November 19). Uber executive in New York allegedly used company's 'God View' tool to track journalist. Syracuse Post-Standard.

Capital Bikeshare. (2015). Bank on DC. Retrieved from Capital Bikeshare: https://www.capitalbikeshare.com/bankondc

Cecil, A. (2015, April 8). Uber, Lyft, and other rideshare drivers now have insurance options. Retrieved from Policy Genius: https://www.policygenius.com/blog/uber-lyft-and-other-rideshare-drivers-now-have-insurance-options/

Center for Neighborhood Technology. (2013, August 14). Retrieved February 9,

2015, from http://www.cnt.org/sites/default/files/publications/CNT_35Years.pdf

City CarShare. (2014, July 15). A Unique Partnership to Promote Elderly Independence . Retrieved March 7, 2015, from https://citycarshare.org/newsletters/july-2014-a-unique-partnership-and-more-referral-credits/

City CarShare. (2015). CommunityShare. Retrieved March 7, 2015, from https://citycarshare.org/plans-pricing/other-plans/communityshare/

City of Austin. (2009, November 17). Agreement for Pilot Car Share Program. Retrieved March 7, 2015, from http://www.austintexas.gov/edims/document.cfm?id=145020

City of Austin. (2014). AN ORDINANCE DEFINING TRANSPORTATION NETWORK COMPANIES . Retrieved from City of Austin: http://www.austintexas.gov/edims/document.cfm?id=219353

City of San Jose. (2014, October 10). San Jose International Airport Commercial Ground Transportation Rules and Regulations. Retrieved March 7, 2015, from http://www.flysanjose.com/fl/business/gt_permits/gt_rules.pdf

City of Seattle. (2015, January 13). SDOT Free-Floating Car Sharing Code Revision ORD.

Costa, J. (2015, February 2). DMV Threatens Uber, Lyft Operations; California Legislators Address Archaic Interpretation of Old Law. Retrieved February 26, 2015, from http://www.turlockcitynews.com/news/item/4592-dmv-threatens-uber-lyft-operations-california-legislators-address-archaic-interpretation-of-old-law

Covert, J. (2015, February 27). Uber says it got hacked – over nine months ago. The New York Post.

Dill, J., Mathez, A., Nathan, M., & Howland, S. (2014). Who Uses Peer-to-Peer Carsharing? An Early Exploration. 94th Annual Meeting of the Transportation Research Board (p. 20). Washington D.C.: Transportation Research Board.

Fraker, G. (2014). Issues of Risk Related to Shared Mobility. get2kno.

Fleischman, J. (2015, March 4). John Wayne Airport to Open to Uber, Lyft. Retrieved March 7, 2015, from http://www.breitbart.com/california/2015/03/04/john-wayne-airport-to-open-to-uber-lyft/

Fried, B. (2015, November 25). Bike-Share Open Data Standard Clears the Way for Better Trip Planning APPs. Retrieved from Streets Blog NYC: http://www.streetsblog.org/2015/11/25/bike-share-open-data-standard-clears-the-way-for-better-trip-planning-APPs/

Glover, M. (2013, July 2). Citi Bike Floods Streets With Thousands of Uninsured Cyclists. The Observer.

Harrington, K. (2016, February 27). Ballot Language Set for May 7 TNC Rules Vote. Retrieved from Building ATX: http://buildingatx.com/2016/02/ballot-language-set-for-may-7-tnc-rules-vote/

Harlow, T. (2015, September 7). Go-To cards can now be used for both transit and car sharing. Retrieved from StarTribune: http://www.startribune.com/go-to-cards-can-now-be-used-for-both-transit-and-car-sharing/325183601/

Hirsch, R. (2015, January 27). USAA Piloting Ridesharing Insurance Coverage for Colorado Members. Retrieved from USAA: https://communities.usaa.com/t5/Press-Releases/USAA-Piloting-Ridesharing-Insurance-Coverage-for-Colorado/ba-p/56583

Hoge, P. (2015, January 22). California DMV says Uber, Lyft cars must have commercial plates. San Francisco Business Times.

Jaffe, E. (2015, August 3). Uber and Public Transit Are Trying to Get Along. Retrieved from CityLab: http://www.citylab.com/cityfixer/2015/08/uber-and-public-transit-are-trying-to-get-along/400283/?utm_source=SFTwitter

Kaplan, M. D. (2010, November 14). smartplanet.com. Retrieved February 9, 2015, from http://www.smartplanet.com/blog/pure-genius/dc-unveils-countrys-largest-bikeshare-program/

Kitsap County Transit. (2013, December 11). Retrieved February 9, 2015, from http://www.kitsaptransit.com/scoot

Mann, T. (2013, July 23). The Wall Street Journal. Citi Bike Accidentally Exposes Customer Credit Card Information.

Marich, M. (2015, October 13). BCycle and RideScout Demonstrate First Use of Smart Phone and APPle Watch to Locate, Unlock and Pay for Bike Share Bike. Retrieved from Ridescout: http://ridescout.com/2015/10/13/bcycle-bcycle-and-ridescout-demonstrate-first-use-of-smart-phone-and-APPle-watch-to-locate-unlock-and-pay-for-bike-share-bike/Millard-Ball, A., Murray, G., Ter Schure, J., and Fox, C. (2005). Car-Sharing: Where and How It Succeeds. Retrieved December, 15, 2015, from http://onlinepubs.trb.org/onlinepubs/tcrp/tcrp_rpt_108.pdf

New York City Department of Transportation. (n.d.). NYC Bikeshare Designed By New Yorkers. Retrieved February 27, 2015, from http://www.nyc.gov/html/dot/downloads/pdf/bike-share-outreach-report.pdf

Pacenti, J. (2014, September 30). Suit Tests Cars2Go Immunity After Car Crash Kills Bar-Hopping Young Woman. Daily Business Review.

Phys.org. (2014, December 16). Uber targeted by Belgium tax probe. Retrieved March 7, 2015, from http://phys.org/news/2014-12-uber-belgium-tax-probe.html

Rouan, R. (2014, November 9). Car2Go's 2nd year brings on new rules. The Columbus Dispatch.

San Francisco Municipal Transportation Agency. (2015, October 19). SFMTA Proposes New Shuttle Rules. Retrieved December 15, 2016, from https://www.sfmta.com/about-sfmta/blog/sfmta-proposes-new-shuttle-rules

San Francisco Muncipal Transportation Agency. (2014, January 6). Mayor Lee and SFMTA Announce Agreement with Commuter Shuttle Providers to Benefit Muni and

Overall Transportation Network. Retrieved February 26, 2015, from http://sfmta.com/news/press-releases/mayor-lee-and-sfmta-announce-agreement-commuter-shuttle-providers-benefit-muni

San Francisco Municipal Transportation Agency. (2013, July). Car Sharing Policy and Pilot Project. Retrieved from SFMTA: https://www.sfmta.com/sites/default/files/projects/SFMTA%20Car%20Sharing%20Policy_MTAB_20130716.pdf

Schaller Consulting. (2006). Taxicab and Livery Crashes in New York City 2004 . New York City.

Segraves, M. (2014, January 13). Car Share Users Guaranteed Free Parking on D.C. Streets. Retrieved March 7, 2015, from http://www.nbcwashington.com/news/local/Car-Share-Users-Guaranteed-Free-Parking-on-DC-Streets-240003911.html

Shaheen, S., & Christensen, M. (2015). Shared-Use Mobility: What Does the Future Hold? Emerging and Innovative Public Transport and Technologies Committee (AP020) (p. 7). Washington D.C. : Transportation Research Board.

Shaheen, S. A., Cohen, A. P., & Roberts, J. D. (2006). Carsharing in North America: Market Growth, Current Developments, and Future Potential. In Transportation Research Record: Journal of the Transportation Research Board (pp. 116-124). Washington, D.C.: Transportation Research Board of the National Academies.

Shaheen, S. A., Mallery, M., & Kingsley, K. (2012). Personal Vehicle Sharing Services in North America. Research in Transportation Business & Management, Vol. 3, pp. 71-81.

Shaheen, S., Martin, E., Chan, N., Cohen, A., & Pogodzinski, M. (2014). Public Bikesharing in North America During A Period of Rapid Expansion: Understanding Business Models, Industry Trends and User Impacts. San Jose: Mineta Transportation Institute.

Shaheen, S. A., Martin, E. W., Cohen, A. P., & Finson, R. S. (2012). Public

Bikesharing in North America: Early Operator and User Understanding. San José: Mineta Transportation Institute.

Shaheen, S., Rodier, C., Murray, G., Cohen, A., & Martin, E. (2010). Carsharing and Public Parking Policies: Assessing Benefits, Costs, and Best Practices in North America. San Jose: Mineta Transportation Institute.

Shaheen, S., Shen, D., & Martin, E. (2016). Understanding Carsharing Risk and Insurance Claims in the United States. In Transportation Research Record: Journal of the Transportation Research Board (forthcoming). Washington, D.C.: Transportation Research Board of the National Academies.

Soper, T. (2014, October 20) uberX, Lyft APProved to pick up and drop off passengers at SFO. Retrieved from http://www.geekwire.com/2014/lyft-APProved-pick-drop-passengers-sfo/

Soper, T. (2015, February 18). Flywheel partners with taxi company to create 'FlywheelTaxi,' reaches deal with SFO. Retrieved from http://www.geekwire.com/2015/flywheel-partners-taxi-company-flywheeltaxi-reaches-deal-sfo/

Srivastava, S., & Surabhi. (2015, March 2). E-commerce business with 'aggregator models' now to be taxable; Uber, TripAdvisor to be taxed. The Financial Express. Retrieved from http://www.financialexpress.com/article/industry/companies/e-commerce-business-with-aggregator-models-now-to-be-taxable-uber-tripadvisor-to-be-taxed/49294/

Zauzmer, J. (2015, May 15). Zipcar loses out to Enterprise on contract to park at Metro stations. Retrieved from The Washington Post: https://www.washingtonpost.com/news/dr-gridlock/wp/2015/05/15/zipcar-loses-out-to-enterprise-on-contract-to-park-at-metro-stations/

第 5 章　经验教训和未来挑战

共享出行正在改变美国和全世界对交通运输的认知，促进新的商业模式，并且影响个人交通选择和行为。这些变化是动态和不断演化的。我们可以期待共享出行的不断创新，以及未来几年共享出行仍将通过不同形式改变我们出行的选择。与所有新兴具有冲击性的技术和商业模式一样，共享出行发展面临着很多挑战。本章将探讨这些挑战以及成功案例、经验教训，并提出解决方案。

本章讨论的共享出行正在面对的突出挑战：

（1）认识到共享出行服务模式应统一在公共和私营部门中的标准和定义，以指导公共政策的制定，并区分不同的服务类型。

（2）研究提出用于衡量共享出行对经济和出行行为影响的指标、模型、规划平台以及方法，例如行车里程数、个人出行里程数、通勤出行时间等等，这样地方、州、和联邦公共机构就可以整合这些指标和方法，作为评估土地开发利用和交通运输规划的重要方式。

（3）将共享出行作为交通运输政策和规划的重要组成部分。

（4）鼓励出行方式整合。

（5）在系统扩大和发展到社会各阶层共享的情况下，处理潜在的可达性问题。

 第 5 章 经验教训和未来挑战

（6）了解与现有和新兴共享业务与服务模式中涉及保险的相关法规、有效性和可负担性等问题。

（7）平衡个体用户和服务提供商的数据共享（开放数据）与隐私之间的问题。

5.1 一致的公共与私营部门的标准和定义

对不同共享出行服务进行充分法律定义的工作对于将这些服务纳入主流交通服务来说至关重要。这个问题一旦解决，将使公共机构能够清晰判断在保险、税收、通行权、停车、规划分区等方面的政策。除了法律问题以外，还存在着由于公众认知和理解能力不足带来的挑战。消费者往往不知道其出行的真实成本，因此可能会感觉到共享出行和其他非捆绑的运输服务即用即付（例如按小时、按日、按次数支付车费、停车费等费用）的出行成本，比传统的方式（例如购买汽车的成本、与房屋成本相关的隐藏停车费用以及保险费用）更高，而事实却恰恰相反。购买汽车、保险、牌照注册费用、排放检修、维护非日常费用常常被用户忽略。另外，个人对共享出行服务的不熟悉、媒体对相关术语的混淆使用以及国际差异也会造成用户对服务选择产生不确定性。例如，英国"汽车共享"（carsharing）一词在美国是指合乘出行。"汽车俱乐部"(car club)一词在美国国内通常是指美国汽车协会（AAA），而在英国通常用来描述共享汽车服务。

尽管已经有许多关于共享出行的定义用来帮助解决公共政策问题，但是在美国仍然缺乏对共享出行服务在联邦层面的标准定义。因此导致美国各地存在着各种定义，对发挥服务和制定相关公共政策都造成了混乱。此外，核心运输服务和共享出行服务之间模糊的界定也可能会产生其他误解，因此也需要进一步制定或修订相关定义。例如，加利福尼亚州公用事业委员会（CPUC）创造了"网约车公司"这一术语，并制定了以下定义：网约车公司是通过在线 APP 或平台（例如智能手机 APP）将使用个人车辆的驾驶员和乘客联系起来，以此提供预约付费交通运输服务的交通运输公司。

这个定义在 2012 年底—2013 年初制定时是充分考虑市场情况的，但是市场变化表明法规可能会很快过时。例如，Flywheel APP（网约出租汽车）使客户可以使用在线 APP 来预订出租汽车服务。结果是驾驶员可以根据该定义理所应当

地自行选择成为出租汽车或网约车,由此产生了例如税收和保险等问题。此外,许多司法管辖区向出租汽车收税收费,但对基于APP租用车辆提供服务的行为却缺乏明确的监管框架。

公共机构如何采取行动的例子:

◆ 为共享出行模式制定标准定义:缺乏官方标准定义可能会为企业寻求合作伙伴、鼓励公私伙伴关系以及招聘早期应用者造成障碍。公共机构和行业协会可以携手共同制定共享模式清晰、简洁和统一的定义。

◆ 围绕服务特征而非技术来定义模式:公共机构和私营部门行业协会可以通过共同制定基于所提供服务特征(而非技术特征,例如APP)的服务模型标准定义来解决这一挑战。

共享出行立法定义的范例
马萨诸塞州剑桥市定义共享汽车机构为"一个会员制实体,以共享汽车车队为主体,基于特定车辆提供的有关服务收取费用"。剑桥市之后进一步定义了共享汽车车辆,即"基于自助服务预约系统而不是单独书面协议,以小时或短时长为计价单位,向单个或多个授权用户提供服务的私人客车,共享汽车车辆可由共享汽车组织或其他实体拥有、维护或管理。"

5.2 研究提出用于衡量共享出行对经济和出行行为影响的指标、模型、规划平台以及方法

研究提出数据指标、模型、规划平台以及方法来衡量共享出行的出行和经济影响,对于交通运输规划者和政策制定者来说至关重要。开发这些工具将使公共机构能够预测共享出行模式的经济和出行行为影响,并指导制定与城市空间规划、通行权、停车以及分区相关的公共政策。这些指标、模型、方法和规划平台可以在衡量经济影响和出行行为影响两个关键领域发挥作用。

跟踪和预测共享出行经济影响是很重要的,这是因为其对汽车销售、减少政府车辆、节省个人和家庭支出以及更广泛行业增长都存在着潜在影响(例如,按行业部门和就业人数来计算的年度收入)。

 第5章 经验教训和未来挑战

将共享出行纳入国内生产总值（GDP）的措施，则是跟踪和预测共享出行经济影响的一种方式。

国内生产总值在1944年布雷顿森林会议期间被采纳为衡量国家和行业经济活动的全球标准。从根本上来说，国内生产总值是一个国家在一年内生产所有商品和服务总价值的总和。国内生产总值无疑在增加，但由于其未能统计互联网和共享经济交换共享产品和服务产生的价值，国家的国内生产总值可能被低估。

我们如何掌握因新技术而促使的生产力提升的情况？当个人使用P2P服务提供车辆出租或者成为在Airbnb或Crigslist上租房的房主时，这些交易的经济活动很少被联邦机构所掌握，这会导致国内生产总值和部门生产力评估被低估。

我们如何掌握超低成本和免费产品和服务相关的生产力提升？自由或免费增值服务模式的兴起也可能导致生产率指标被低估。在二十世纪八十年代，人们购买和开发胶片进行拍照，并使用固定电话进行全球通话。今天，人们通过即时通信和视频聊天将拍摄数字照片以及电子方式进行分享，并在全球进行沟通。这些效率的提升无疑使美国人的生产力更高，但由于无现金产品和服务，这在很大程度上无法衡量。

同样，由于共享出行并未纳入全国家庭出行调查（NHTS）的管理范畴，决策者所拥有共享出行消费者的起点、目的地以及出行模式等数据很少。结果是，国家中越来越多提供共享出行服务的地域都没有办法衡量共享出行对旅游和经济影响。因此，即使共享出行使美国人的出行更加高效，但由于提供无现金产品和服务，这种影响的量化评估则变得非常困难。

超大城市群的急速扩张加上新兴社会和技术变化，正在改变着人们的出行方式。近年来，许多共享出行模式例如共享汽车、共享自行车以及按需合乘服务都已经有所增长。然而传统的交通运输规划方法仍然无法准确地捕捉交通出行方式构成和共享出行对更广泛交通运输网络的一个影响。早期四步规划模型已经发展成为更先进的、基于活动的模型。虽然规划机构已经将基于活动的建模视为更具代表性的运输环境，但现有基于活动的建模几乎总是不能将共享出行融合到规划中。需要新的指标、建模、规划平台以及方法，以帮助城市、公共机构、和地

区政府了解共享出行的影响,并在各种土地利用环境中更好地衡量和提供这些服务。

公共机构如何采取行动的例子:

◆ 将共享出行纳入基于活动的交通模型:

将共享出行纳入到基于活动的规划模型,可以帮助公共机构和地方政府减少资本和运营支出,并衡量共享模式相关的有益影响。

5.3 认可共享出行作为运输政策和规划的重要组成部分

在美国,交通运输政策和规划是一个复杂的过程,其受联邦、州和地方立法以及多个利益相关者和公共机构的影响。在联邦一级,《联邦法规》第23条为大都市交通运输规划提供了指导,并确定规划过程必须考虑的八个因素:1)支持经济活力;2)增加交通运输安全性;3)提高交通运输系统安全性;4)提高无障碍出行水平;5)保护和改善环境;6)提高交通运输系统的一体化和互通性;7)促进高效的系统管理和运行;8)强调现有交通运输系统的保护。此外,对空气质量非达标区的区域拥有额外的规划指导,重点是减少标准污染物,以实现空气质量指标。

共享出行模式例如共享汽车、共享自行车、合乘出行以及其他服务,还没有被广泛地纳入地方和地区规划过程。由于私营部门参与共享出行,即使某些司法管辖区已经发布了关于共享出行服务建议相关规划,诸如总体规划等规划框架往往无法将共享出行纳入。

许多非营利组织已经开始将共享出行纳入私营部门规划过程中。例如,美国绿色建筑委员会(USGBC)是一个促进建筑设计和施工可持续发展的私人非营利组织,将共享出行纳入其能源和环境设计领导力(LEED)认证计划中。能源和环境设计领导力给出项目级别的认证信用,将共享汽车、共享自行车以及合乘出行服务纳入开发项目中。这可以将诸如共享汽车停放等措施纳入建筑物的设计中。将共享出行纳入公共和私营部门规划过程和计划中,这是将其集成到交通运输网络、将其视为一些潜在可用交通运输选择的关键。

第5章 经验教训和未来挑战

公共机构如何采取行动的例子：

- 开发商和分区规定：地方政府可以将共享出行纳入交通运输政策和规划：1）减少停车位（即在新的开发项目中如果考虑共享出行服务则可以减少配建停车位的数量，否则将按照原有要求执行）。2）鼓励停车改造（即将一般停车位改为共享出行停车位，例如共享汽车停车位、共享自行车站点以及网约车上下客区等）。3）允许更大的容积率（即开发商可以进行更高密度的建设，以包含建设共享出行设施）。

- 公共先行权：地方政府可以通过分配公共先行权的方式，将共享出行纳入交通运输政策和规划，例如1）提供专门土地用于共享出行的路边停车场和乘车区；2）提供土地用于路边停车场建设（例如汽车共享、网约车等候区）；3）为共享出行提供免费或降低成本的停车位、停车许可证、租用车辆许可证以及乘车区许可证；4）通用停车许可证（即汽车共享车辆可以返回到任何路边位置）；5）规范分配公共通行权的程序。

- 将共享出行纳入本地规划模型、发展计划和流程：政府可以通过将共享出行纳入本地交通运输模式、交通体系和总体规划，而建立规划流程则是地方政府将共享模式纳入交通运输政策和规划的另一种方式。

Evanston市停车场减量分区规定：案例研究

芝加哥北部郊区的Evanston市在其停车场分区导则中保留了一项限制条款，用以在开发时统筹纳入共享汽车。具体来说，对于项目建设至少五个停车位的要求，该条款允许减少建设数量，前提是项目要求的五个路边停车位建设中至少一个是用于共享汽车的。对于要求建设5~10个路边停车位的项目，拥有共享汽车停车位的项目可以少建设1个停车位。对于要求建设超过10个路边停车位的项目而言，条款允许减少10%的停车位建设，并提供共享汽车的停车空间。为了符合资格要求，开发商必须向共享汽车运营商提供长期租赁服务，以及关于提供对共享汽车服务的说明。此外，财产业主/开发商必须在其契约上记录一份文件，规定：共享车辆不在该地区提供服务时，财产业主将被要求重新补偿建设相应的停车空间或向政府缴纳该地区相应停车收费下的补偿款。

旧金山高科技公司班车试点计划的案例研究

2014年1月，旧金山交通运输管理局（SFMTA）宣布为期18个月的试点，使参与计划的高科技公司班车能够共享少数预先批准的Muni（公共）公交汽车停车区。作为试点计划的一部分：
- Muni公共汽车站的8%（2500个中的200个）由Muni和私营班车运营商共享。
- 旧金山市交通运输局向班车运营商（或者雇主）的每辆班车单次停靠收取3.67美元。该费用为了支付与行政管理和执法相关的成本。
- 私营班车提供商必须遵守商定的准则，其中包括优先公交汽车停靠，以此最大限度地提高停车场乘车能力。
- 向各班车发放标识卡，以协助执法。
- 班车提供商必须同意与旧金山交通运输局共享数据，以支持交通运输网络管理、规划和执法。

资料来源：旧金山市政局，2015年

5.4 鼓励出行方式整合

出行方式整合：在不同交通运输模式之间的无缝衔接，被认为是支持可持续发展以及鼓励公共交通发展的最佳实例。这需要将大容量交通运输模式与共享出行模式相融合，服务出行的第一和最后一英里，例如出租汽车、步行、自行车与共享汽车、共享自行车、合乘出行、网约车以及微公交等共享模式的融合。而实现出行方式整合需要三个关键组成部分，即基础设施整合、信息整合和票价整合。

基础设施整合涉及不同运输模式设施和运营的连接。在共享出行的背景下，整合工作包括将共享汽车和共享自行车与公共交通运输站点设定在共同的位置。信息整合是指信息系统的结合，为实现制定路线、时间表以及票价等服务功能提供一站式信息源。在最基本的层面上，信息整合包括多方式出行整体规划，更高级的信息整合包括模式信息连接（例如NextBus）在内的实时信息服务。最后，票价整合涉及制定跨多种运输方式的一票制支付方式。

影响多模式票价整合的未来趋势

近年来，信息整合也变得相当普遍。开源数据则越来越多地允许出行者通过在线或下载APP来规划多模式出行、比较成本，并获得广泛的实时信息服务，例如车辆/自行车可用性信息及公共交通的延误信息。票价整合仍然是一个关键的挑战。例如，双子城的HOURCAR和地铁交通公司宣布合作，允许共享汽车会员使用其Go-To交通卡来存取HOURCAR车辆。

新兴的移动支付技术比如苹果Pay、维萨的PayWave、万事达的PayPass、美国运通快递以及P2P加密货币"比特币"等，可以整合多模式出行支付，从而减少钱包中各种各样的车票、会员卡以及钥匙钱包等。许多这些解决方案提供非接触式数字钱包服务，无须再通过刷卡插卡等传统支付方式。而比特币是一种点对点的数字货币，使用户无须中央中介机构进行货币交易。在未来，强大的机构之间和公私伙伴关系有可能实现出行方式的全面整合。

 第 5 章 经验教训和未来挑战

5.5 确保所有交通运输用户共享模式的可达性和公平性

共享出行提供的起启和最后一公里解决方案，可以大大地提高低收入家庭的生活质量，这些家庭通常极度依赖公共交通。提供适当的、便捷的、经济实惠的共享出行选项，可以更容易地满足低收入和其他弱势社区的交通出行和可达性需求。由于许多共享出行服务是由私营部门提供，因此确保低收入和少数族裔能够接受共享服务，且服务能够遵守美国人残疾法案，使得他们能够使用共享出行也是一个值得关注的问题（有关纽约市美国残疾人法案遇到挑战的案例研究，参见下文）。正如第 4 章所讨论的那样，其他创新计划诸如在美国首都的共享自行车银行项目，旨在发展共享出行提供商和银行之间的合作伙伴关系，使除了信用卡也可以使用借记卡支付共享自行车服务（Capital Bikeshare, 2015 年）。

重要的是，公私部门必须共同努力，保证无论种族、肤色、国籍（1964 年，《民权法案》第六条）或是否残疾、年龄或收入如何，都要确保所有人都能获得共享出行服务。每个人都应有机会参与有关这些服务决定的机会和参与相关公共政策决定的权利。公共机构应确保政策反对"造成不利影响的歧视行为"或者似乎是中立但实际上歧视受保护阶级的政策和实践。公共机构应努力在共享出行方面实现以下关键的可达性及社会公平目标：

- ◆ 鼓励所有社会经济水平和少数族裔社区公平地获取共享出行服务。
- ◆ 促进受共享出行服务影响的个人参与交通运输规划和决策。
- ◆ 鼓励向少数族裔、残疾人士和低收入人群提供共享出行服务。
- ◆ 制定缓和数字产品服务造成不便的政策，为低收入人群提供更容易获取和能够负担的数字产品服务，或为单一数字方式或 APP 获取方式的服务产品提供可行的替代方案。

公共机构还应确保除法定受保护群体外的其他弱势群体能够获得共享出行服务。弱势群体包括：

- ◆ 老年人。

共享出行 原则与实践

- 无法获得私人汽车的人群。
- 单亲家庭。
- 住房费用超过家庭收入三分之一的人群。
- 没有高中文凭的成人。
- 不讲英语的人群。

所有这些群体可能因为各种原因而面临出行挑战。

《美国残疾人法案》（ADA）在纽约市交通出行方面所面临的挑战

2008年7月，纽约市出租汽车和豪华轿车委员会开始了为期两年的试点计划，以评估可携带轮椅的出租汽车需求（出租汽车和豪华轿车委员会，未注明日期）。其发表于2010年的报告内容包括纽约市有关符合《美国残疾人法案》的统计资料。主要结果包括如下：

地铁：纽约市大都会公交管理局（MTA）共运营230英里的地铁，设有490个车站。截至2010年，只有16%的车站（490个车站中的78个车站）可实现轮椅无障碍出行，并为具有视觉、听觉和行动障碍的人群，提供符合《美国残疾人法案》要求的通行服务。由于大多数地铁站并未实现轮椅无障碍出行，纽约市的许多轮椅使用者根本无法使用地铁系统。

公共汽车：纽约市大都会交通运输管理局在纽约市300条公交路线上运营着6000辆公交汽车。截至2010年，纽约市大都会交通运输管理局全部公交车辆都可以提供轮椅无障碍服务，并且大部分车队都配备底盘下降功能（降低公交汽车高度，更方便轮椅上下车），以协助行动不便的客户出行。纽约市公交车站1/2英里覆盖率约为94%。

灵活公交服务：纽约市大都会公交管理局提供灵活的交通服务，被称作Access-A-Ride。截至2010年，共为142000用户提供730万次出行服务。然而，截至2010年，只有72%的Access-A-Ride车辆提供轮椅无障碍服务。剩余28%车队则由皇冠Victoria型号轿车组成。

出租汽车：截至2010年，纽约市出租汽车的1.8%（13237辆中的240辆）为轮椅无障碍车辆，即55辆出租汽车中约有1辆提供轮椅无障碍服务。2004年，该市出租汽车和豪华轿车委员会开始发放轮椅无障碍出租汽车的成本降低奖章，以鼓励推广符合《美国残疾人法案》要求的出租汽车。

电召出租车：截至2010年，纽约市36000租用电召车辆中只有6辆为轮椅无障碍车辆。

公共机构如何采取行动的例子：

- 采用多语言的市场宣传材料：基于多语言的营销、APP和网站，是公共机构和共享出行提供商能够满足具有语言障碍的个人和家庭出行需求的一种方式。共享出行运营商还可以与公私利益相关者一同筹集资金、联合营销、风险共担等等的合作关系。其他研究可以帮助公私伙伴关系，以探索可以为弱势社区提供最成功服务的领域。

第5章 经验教训和未来挑战

- 探索主流服务的政策：公私机构可以共同制订政策和计划，使得共享出行能够满足特殊需要群体的要求。这包括奖励、税收抵免、试点项目、折扣等。
- 制定缓和数字产品服务造成不便的政策：公私机构可以共同努力，以制定缓和数字产品服务造成不便机制。例如，使用信息站和屏幕显示出行信息是确保没有智能手机人群仍然可以访问关键出行信息的一种机制。

如何应用辅助公交、微公交以及网约车，以满足特殊人群的无障碍需求

历史上，辅助公交在弥合残疾人群出行差距方面发挥了关键作用。创新出行服务（例如使用实时信息生成班车路线的班车运营商Bridj以及各种租车服务），有可能服务于特殊需求的人群。例如，旧金山的Lift Hero允许用户呼叫具有专门训练医疗专业人士的租用车辆服务，而旧金山的Shuddle也通过使用经过许可的托儿服务提供商为儿童提供辅助客运服务。网约车服务公司uberX已经推出允许用户请求轮椅无障碍车辆的服务。UberASSIST则是另一项配有经过专门训练驾驶员的服务，帮助乘客上下车辆，并管理轮椅、步行器和踏板车。出租汽车也提供这些服务。

有关旧金山郡交通运输管理局（SFCTA）公平性问题研究

旧金山郡交通运输管理局最近进行了一项公平性分析，确定了旧金山郡的三个主要问题：
- 银行服务：旧金山郡交通运输管理局发现5.7%的旧金山家庭没有银行账户，而13.6%的家庭则无法获得主流金融服务。
- 技术：旧金山郡交通运输管理局研究发现，加利福尼亚州超过一半的低收者没有智能手机。
- 信息和获取：旧金山郡交通管理局研究发现，旧金山的低收入网约车用户人数少到可忽略不计。

资料来源：Shaheen、Christensen和Tierney，2015年

特殊需求人群的美国城市共享汽车公司计划：案例研究

旧金山非营利城市共享汽车计划提供了一些创新方案，旨在增强对特殊需求人群的交通运输服务接入。成立于2001年的城市共享汽车是全美最大的非营利性共享汽车项目，其中车队中60%以上的汽车位于指定的中低收入的社区。2008年，城市共享汽车项目与伯克利市进行合作，提出了AccessMobile，即全美首家实现轮椅无障碍的共享汽车。

除了AccessMobile以外，运营商的CommunityShare计划也为美国城市共享汽车项目的中低收入会员提供补贴会费和驾驶费用。2014年12月，美国城市共享汽车项目宣布其将与Contra Costa交通运输管理局、湾区气候协调机构以及大都会交通运输委员会开展合作，开展名为CareShare4All的新计划，旨在扩大针对低收入群体、残疾人群体和电动汽车的服务项目。

5.6 保险条例、可获得性和负担能力

保险仍然是许多共享出行运营商的一个关键挑战。在共享汽车初期，成本和保险可用性则为重要的挑战。随着共享汽车的增长，保险则变得容易获得且可以负担得起。而对保险成本和获得性的担忧部分则逐渐集中在特殊人群，例如年轻人（大学生）身上。允许较年轻的成年人（年龄在 18~25 岁）使用共享汽车，对于现在非常庞大的大学校园共享汽车市场发展来说至关重要。

随着创新共享模式和服务模式的推出，保险一直是一项挑战。在 2010 年前后，P2P 共享汽车或短期租用私家车，则带来了新的挑战。早期用于商业用途的 P2P 车辆共享车主面临被取消个人汽车保险政策的风险和被重新分类（以及重新定价）的风险。之后加利福尼亚州、俄勒冈州以及华盛顿州通过立法来应对这些挑战。三个州都要求个人车辆在出租时应使用商业保险，而当车辆只是短时间通过 P2P 方式共享时，则禁止保险公司取消共享汽车的个人保险。然而，美国绝大多数地区还没有通过立法解决这些挑战，使得 P2P 共享车辆车主的个人保险很容易被取消或被重新分类。

1871 年《加利福尼亚议会法案》案例研究

1871 年《加利福尼亚议会法案》禁止在个人车辆共享计划中将私人车辆分类至商业车辆目录。该法案还限制车主个人汽车保险在车辆用于个人车辆共享计划时，禁止被取消、废除、终止、撤销。

资料来源：Gorenflo, 2010 年

网约车和 P2P 共享汽车仍然存在着有关保险方面的挑战。私家车保险公司经常担心租车和 P2P 车辆服务会因以下原因增加赔付的风险：1）额外行车里程或增加其他驾驶员；2）城市地区复杂地理因素，因为网约车和 P2P 共享汽车服务经常出现在交通量较大的市中心；3）对行驶道路不熟悉（网约车驾驶员或 P2P 租用者）；4）APP 造成的驾驶员分心；5）如果发生碰撞，HOV 车辆可能会造成更多人受伤。6）网约车急于接受匹配和接乘客、共享汽车车辆急于返回取车点以避免额外收费所产生的风险因素，尽管传统汽车租赁和共享汽车也面临同样的风险（国家保险专员委员会，2015 年）。

 第 5 章　经验教训和未来挑战

5.7　平衡数据共享和隐私性

全国家庭出行调查（NHTS）中缺乏对新兴出行方式的统计数据，会使社会和行业难以把握共享出行发展对交通运输网络的整体影响，也会增加共享出行纳入到统一规划进程、发现交通运输行业服务能力问题的难度。而合理运用共享出行数据则是解决以上挑战的一项重要策略。

共享出行运营商通常跟踪几项重要的数据：共享出行服务的起点和目的地（例如，共享汽车、共享自行车车辆或网约车乘客起点和终点位置）、行驶时间和行程持续时间。很多共享出行服务供应商自愿或按照监管责任与公共机构共享数据。本书第 4 章介绍了数据共享方面的一些工作。

通过行业协会或政府监管开展的行业范围内的研究合作，可以有助于制定清晰一致的数据标准、数据共享协议和隐私保护条款，以保护行业的公开数据、消费者数据和运营数据，保证平台互通性以及平台间的兼容性。

第 83 号《加利福尼亚议案》个人资料的案例研究（提案）

2015 年 1 月，加利福尼亚州议会议员 Gatto 介绍了信息化工作实践和个人数据保护法案的相关工作。该法案（截至 2015 年 6 月）要求企业提高所有个人信息存储隐私标准，包括：社会保险号码、驾驶执照号码、财务信息、医疗信息以及地理位置出行信息。该法案对位置信息提供了具体的保护，包括对"个人过去或当前的出行位置数据，包括但不限于地理坐标、街道地址或 WiFi 定位系统产生的信息。"最后，该法案还要求企业采取措施，以查明并回应可预见的内部和外部隐私风险。截至 2015 年夏天，该法案修订未能得到加州参议院司法委员会的通过。

资料来源：Gatto，2015 年

波士顿市和 Uber 数据共享协议的案例研究

2015 年 1 月，波士顿市与 Uber 达成协议，共享匿名数据，包括邮政编码和目的地、出行距离、出行持续时间、出行日期和时间。公私合作伙伴关系下的共享出行数据，可以帮助公共机构更好地了解共享出行的影响，并协助地方政府制定交通运输政策和规划。

5.8　结论

共享出行是交通运输策略的一部分，可以帮助支持城市或区域范围交通发展，

缓解拥堵和停车问题，改善空气质量，减少温室气体排放、颗粒物及其他污染物排放，推动"智慧城市"和可持续发展的设计方案。虽然共享出行的发展仍存在着许多挑战，并且现阶段对共享出行影响的理解仍然有限，但本章内容涵盖了美国各地的一些实践案例、经验教训以及解决方案。

主要结论包括如下：

◆ 共享出行是一个新兴领域，是不断发展和变化的。因此，本书介绍的内容也是演化过程中一个起点，因为共享出行的定义和分类、相关公共政策以及最佳实践案例都将继续发展。

◆ 需要公私部门对标准和定义保持一致。

◆ 应当制定相关指标和模型，用以评估共享出行带来的经济和出行影响。

◆ 应认识到共享出行在交通体系中的作用，以及将其纳入交通政策和规划体系的重要性。

◆ 出行方式整合是提供无缝衔接交通方式（包括共享出行）的关键策略。

◆ 确保共享出行的可达性和公平性是至关重要的。

◆ 保险是共享出行的关键组成部分，应为共享出行消费者和运营商提供可获得的和担负得起的保险。

◆ 应当重视数据共享需求和消费者隐私保护之间的平衡，并充分考虑数据所有权的问题。

本章参考文献

Capital Bikeshare. (2015). Bank on DC. Retrieved from Capital Bikeshare: https://www.capitalbikeshare.com/bankondc

Gatto, M. (2015, July 15). Assembly Bill No. 83. Retrieved from California Legislative Information: http://leginfo.legislature.ca.gov/faces/billTextClient.xhtml?bill_id=201520160AB83

Gorenflo, N. (2010, September 29). California's P2P Car-sharing Bill Signed Into

第 5 章　经验教训和未来挑战

Law. Retrieved from Shareable: http://www.shareable.net/blog/californias-p2p-car-sharing-bill-signed-into-law

National Association of Insurance Commissioners. (2015). Transportation Network Company Insurance Principles for Legislators and Regulators. Kansas City: National Association of Insurance Commissioners.

San Francisco Municipal Transportation Agency. (2015, October 19). SFMTA Proposes New Shuttle Rules. Retrieved December 15, 2016, from https://www.sfmta.com/about-sfmta/blog/sfmta-proposes-new-shuttle-rules

Tierney, G., Shaheen, S., and Christensen, C. (2015, February 18) Crossing the Digital and Income Divide: Making Mobility Innovations Accessible to All. Agrion Smart Cities Series Workshop Summary.

Wagstaff, K. (2014, February 17). Uber for kids: Shuddle wants to shuttle your children. Retrieved from NBC News: http://www.today.com/money/uber-kids-shuddle-wants-shuttle-your-children-1D80240006

第 6 章　对公共机构的指导原则

共享出行使得用户能够根据需要获取短期使用的多种交通运输模式，以便实现出行或货物交付。共享汽车、共享自行车以及其他创新模式的出现，正在改变人的出行。北美 1994 年推出了第一个汽车共享和共享自行车项目。自那时起，共享出行业务迅速增长。除了共享汽车和共享自行车外，P2P 共享汽车、部分所有权分享、共享自行车、共享电动车、动态合乘出行、网约车、电召出租汽车、微公交、快递网络服务等多种服务已经投放市场并蓬勃发展。

许多关于共享出行的研究已经展现了其对环境、社会和交通运输相关的影响，例如减少车辆使用、保有量和行车里程。节约成本和便利性经常被认为是出行向共享模式转变的普遍原因。另外，共享出行还可以扩大公共交通的服务区域，在弥补现有交通运输网络服务缺口方面起到很大的作用，并且通过解决与公共交通起始和最后一公里的衔接问题提供多元化的出行方式。最后，共享出行可以产生

 第6章 对公共机构的指导原则

经济效益,例如在交通枢纽附近促进经济活动,并为用户节省出行成本。

由于共享出行带来的环境、社会以及交通运输方面的效益,城市政府和地区政府因在交通运输规划、公共交通运输以及停车政策中各自的角色和作用而成为合作伙伴。而在考虑共享出行在社区范围的作用和具体实施方案时,能够认识相关指导原则对公共机构十分有帮助。重要的是,这些原则只反映了作者在撰写本书时对共享出行的理解,而共享出行无疑将继续发展。这些指导原则如下:

- **共享出行影响每个人而非仅影响用户**。由于共享出行对交通运输网络和环境的影响,其影响覆盖社区的每个人,特别是城市和地区层面。
- 共享出行可能会使公众和政策制定者感到困惑,因此**清晰一致的定义**可以帮助消除关于共享出行服务模式的混淆。
- 公共机构应**接受公私合作**。公私合作伙伴关系可以形成一个更强大、更有活力的交通运输网络,这有助于人们获取出行服务、提高生活能力和改善生活质量。
- **公众参与是关键**。重要的是,要告知并让公众参与规划过程,听取公众对共享出行服务的关注和疑问。
- **公共机构应收集数据并增加强制性报告要求**。对于帮助了解和管理共享出行对交通运输网络的影响来说,数据至关重要。公共机构应建立存储数据库,并收集数据来评估共享出行的影响和系统性能。公共机构可以考虑要求私营部门提供数据报告以实现这项要求。
- **将共享出行纳入交通运输规划**。交通运输规划者和政策制定者应将共享出行纳入交通模式和交通规划中,特别是考虑其对未来交通运输生态系统和土地利用的潜在影响(例如减少汽车保有量)。
- **交通运输应具有可达性和公平性**。人们有权获取交通运输服务。公共机构应确保社会中、地区间和代际的出行公平性,以满足旅客的基本出行要求。
- 关注共享出行的持续发展,对管理这些新兴服务和制定健全的出行权益保护和公私合作伙伴关系政策来说十分很重要。

　　通过提升交通运输可达性、促进出行方式整合、减少车辆保有量和行车里程（在某些情况下）以及提供获取货物和服务的新途径方面，共享出行对许多城市都有着显著的影响。在未来，自动驾驶车辆的增长和大规模销售，可能会影响到地面交通运输网络的各个方面。这些新技术对社会人口、行车里程、出行方式转移以及土地利用影响的不确定性，为理解共享出行和建模增加了新的挑战性。虽然一些共享出行模式（例如共享自行车）可能会在城市里变得更普及，但共享自动驾驶车辆则可能使一些共享出行模式的使用范围超出城市进入郊区和农村地区。今后，自动驾驶车辆服务也可以改善诸如儿童、老人和低收入人群等特殊需求群体的出行安全状况，并增加他们的出行选择。虽然本书中讨论的许多共享模式可以实现一系列可持续发展的目标，但仍需要开展更多研究，特别是针对城市和地区层面以及越来越多共享出行服务生态系统。虽然共享出行有望实现一些社会和环境的可持续发展目标，但需要注意的是，对不同服务模式而言，实现公共安全、提供充分保障以及公平的人力政策仍然是发展中将存在的挑战。

附录 A 表格

附表 1

往返共享汽车的影响[①]

美国/加拿大研究	作者/年份	因每辆共享汽车的出现导致汽车保有量减少的数量	会员中出售个人车辆的占比（%）	会员中避免购买车辆的占比（%）	会员行车里程变化比（%）	每位会员平均每月节省成本	会员中比之前更多选择步行出行的人数增长率（%）	会员中使用公共交通人数增长率（%）
短期汽车租赁（加利福尼亚州旧金山）	（Walb 和 Loudon, 1986 年）		15.4	43.1				
弗吉尼亚州阿灵顿汽车共享试点	（Price 和 Hamilton, 2005 年）		25.0	68.0	−40.0		54.0	54.0
阿灵顿汽车共享	（Price 等人, 2006 年）		29.0	71.0	−43.0		47.0	47.0
波特兰共享汽车（俄勒冈州波特兰）	（Katzev, 1999 年）		26.0	53.0		154 美元		
波特兰共享汽车	（Cooper 等人, 2000 年）		23.0	25.0	−7.6		25.8	13.5
美国城市共享汽车公司(第 1 年)(旧金山)	（Cervero, 2003 年）		2.0	60.0	−3.0[a]/−58.0[b]			
美国城市共享汽车公司(第 2 年)	（Cervero 和 Tsai, 2004 年）	6.8	29.0	67.0	−47.0[a]/73.0[b]			
美国城市共享汽车公司(第 4 年)	（Cervero 等人, 2007 年）				−67.0[a] −24.0[b]			

[①] 共享汽车会员虽拥有车辆临时使用权而无须支付购买费用和承担相应责任。通常情况下个人可选择通过加入一个组织来存取车辆，该组织负责维护和所在社区、公共交通站点、就业中心和大学内部署许多车辆及轻型货车。通常情况下，共享汽车运营商负责提供保险、汽油、停车和维护和参与者只需支付每次使用车辆的费用。

续上表

美国/加拿大研究	作者/年份	因每辆共享汽车的出现导致汽车保有量减少的数量	会员中出售个人车辆的占比(%)	会员中避免购买车辆的占比(%)	会员行车里程变化比(%)	每位会员平均每月节省成本	会员中比之前更多选择步行出行的人数增长率(%)	会员中使用公共交通人数增长率(%)
费城汽车共享(宾夕法尼亚州费城)	(Lane, 2005年)	10.8[c]	24.5	29.1	-42.0	172美元		
TCRP报告(国家)	(Millard-Ball等人, 2005年)				-63.0		37.0	40.0
加州大学伯克利分校(美国和加拿大)	(Martin和Shaheen, 2010年)	9.0~13.0	33.0	25.0				
加州大学伯克利分校(美国和加拿大)	(Martin等人, 2010年)				-27.0		12.0	22.0[d]
ZIPCAR(国家)	(Zipcar, 2005年)	20.0	32.0	39.0	-79.8	435美元	37.0	40.0
加拿大研究								
AUTOSHARE(加拿大多伦多)	(Shaheen等人, 2010年)	6.0~8.0	15.0	25.0		392加元		
AUTOSHARE(多伦多)	(Shaheen等人, 2010年)	8.0~10.0						
COMMUNAUTO(加拿大魁北克)	(Benoit, 2000年)	9.1	21.0~29.0	55.0~61.0				
COMMUNAUTO(加拿大魁北克)	(Dallaire等人, 2006年)	4.6[c]	24.0	53.0		492加元	12.0~13.0	26.0~34.0

注:
[a] 该数据反映全部已有成员行车里程的减少情况。
[b] 该数据只反映成员试用全部里程的减少情况。
[c] 该数据反映成员因放弃使用汽车导致的车辆减少数。
[d] 13%的受访者反映减少公交汽车使用,9%的受访者反映减少机动交通的使用。

附表 1 参考文献

Benoit, R. (2000). Potentiel de L'Auto-Partage Dans Le Cadre d'Une Politique de Gestion de La Demande en Transport. Forum de L'AQTR, Gaz à Effet de Serre: Transport et Développement, Kyoto: Une Opportunité d'Affaires?

Cervero, R. (2003). City CarShare: First-Year Travel Demand Impacts. Transportation Research Record, 159-166.

Cervero, R., & Tsai, Y. (2004). City CarShare in San Francisco, California: Second-Year Travel Demand and Car Ownership Impacts. Transportation Research Record, 117-127.

Cervero, R., Golub, A., & Nee, B. (2007). City Carshare: Longer-Term Travel Demand and Car Ownership Impact. Transportation Research Record, 70-80.

Cooper, G., Howe, D., & Mye, P. (2000). The Missing Link: An Evaluation of CarSharing Portland Inc. Portland, Oregon. Portland: Oregon Department of Environmental Quality.

Dallaire, Y., Lafond, N., Lanoix, C., & Viviani, M. (2006). Le projet auto + bus: Évaluation d'initiatives de mobilité combinée dans les villes canadiennes. Montreal: Tecsult Inc.

Katzev, R. (1999). Carsharing Portland: Review and Analysis of Its First Year. Portland: Department of Environmental Quality.

Lane, C. (2005). PhillyCarShare: First-Year Social and Mobility Impacts of Carsharing in Philadelphia, Pennsylvania. Transportation Research Record, 158-166.

Martin, E., & Shaheen, S. (2010). Greenhouse Gas Emission Impacts of Carsharing in North America. San Jose: Mineta Transportation Institute.

Martin, E., Shaheen, S., & Lidicker, J. (2010). Impact of Carsharing on Household

Vehicle Holdings: Results from a North American Shared-Use Vehicle Survey. Transportation Research Record, 150-158.

Millard-Ball, A., ter Schure, J., Fox, C., Burkhardt, J., & Murray, G. (2005). Car-Sharing: Where and How It Succeeds. Washington, D.C.: Transportation Research Board.

Price, J., & Hamilton, C. (2005). Arlington Pilot Carshare Program. Arlington: Arlington County Commuter Services, Division of Transportation.

Price, J., DeMaio, P., & Hamilton, C. (2006). Arlington Carshare Program. Arlington: Arlington County Commuter Services, Division of Transportation.

Shaheen, S., Cohen, A., & Chung, M. (2010). North American Carsharing: A Ten-Year Retrospective. Transportation Research Record 09-3688, 35-44.

Walb, C., & Loudon, W. (1986). Evaluation of the Short-Term Auto Rental (STAR) Service in San Francisco, CA. Washington D.C.: Urban Mass Transportation Administration. Office of Technical Assistance.

Zipcar. (2005, July 31). Zipcar Customer Survey Shows Car-Sharing Leads to Car Shedding. Retrieved from Zipcar: http://www.zipcar.com/press/releases/press-2.

附录 A 表格

附表 2 北美往返共享汽车① 会员统计（N 为样本大小）

人口属性		美国共享汽车	加拿大共享汽车	总计
性别		N = 4229	N = 2024	N = 6253
	男	44%	46%	45%
	女	56%	54%	55%
年龄分类		N = 4201	N = 1996	N = 6197
	30 岁或以下	38%	31%	35%
	30~60 岁	57%	64%	59%
	60 岁以上	6%	5%	6%
教育程度		N = 4235	N = 2028	N = 6263
	高中	2%	4%	3%
	大专或大专学历	13%	21%	16%
	本科学历	43%	39%	42%
	研究生或相等专业学位	41%	32%	38%
	其他	1%	3%	2%
收入（每户美元数）		N = 4247	N = 2034	N = 6281
	小于 50000 美元	34%	33%	34%
	50000~100000 美元	34%	40%	36%
	100000~150000 美元	13%	12%	13%
	150000 美元以上	10%	4%	8%
	拒绝回答	9%	10%	9%

① 共享汽车成员拥有车辆临时使用权而无须支付购买费用和承担相应责任。通常情况下个人可选择通过加入一个组织来存取车辆，该组织负责维护和在社区、公共交通站点、就业中心和大学内部署许多车辆及轻型货车。通常情况下，共享汽车运营商负责提供保险、汽油、停车和维护费用，而参与者只需为每次使用支付车辆的费用。

附表2 参考文献

Martin, E., & Shaheen, S. (2011). The Impact of Carsharing on Public Transit and Non-Motorized Travel: An Exploration of North American Carsharing Data.. Energies. doi.10.3390/en4112094.

附录A 表格

由于使用往返共享汽车①导致出行方式向公共交通和非机动车模式转变的统计

附表3

模式	调查受访者每周使用平均小时数				调查受访者每周同往返出行数			
	降低	无变化	增加	威尔科克森符号秩检验	降低	无变化	增加	威尔科克森符号秩检验②
轨道交通	589 (9%)	5198	494 (8%)	0.001946^a	571 (9%)	5226	484 (8%)	0.007395^b
公共汽车	828 (13%)	4721	732 (12%)	0.007537^a	783 (12%)	4794	704 (11%)	0.02025^b
步行	568 (9%)	4957	756 (12%)	1.19×10^{-7c}	559 (9%)	5046	676 (11%)	4.35×10^{-4c}
自行车	235 (4%)	5418	628 (10%)	$<2.20 \times 10^{-16c}$	219 (3%)	5480	582 (9%)	$<2.20 \times 10^{-16c}$
拼车	99 (2%)	5893	289 (5%)	$<2.20 \times 10^{-16c}$	86 (1%)	5932	263 (4%)	$<2.20 \times 10^{-16c}$
渡船	13 (0%)	6262	6 (0%)	0.05415	14 (0%)	6259	8 (0%)	0.1004

注：ᵃ 单侧威尔科克森符号秩检验测试中，在 $\alpha=0.01$ 时下降结果显著。
ᵇ 侧威尔科克森符号秩检验测试中，在 $\alpha=0.05$ 时下降结果显著。
ᶜ 侧威尔科克森符号秩检验测试中，在 $\alpha=0.01$ 时下降结果显著。

附表3 参考文献

Martin, E., & Shaheen, S. (2010). Greenhouse Gas Emission Impacts of Carsharing in North America. San Jose: Mineta Transportation Institute

---

① 共享汽车成员拥有车辆临时使用权而无须支付购买费用和承担相应责任。通常情况下个人可选择通过加入一个组织来存取车辆，该组织来负责维护和社区、公共交通站点、就业中心和大学内部署许多车辆及轻型卡车。通常情况下，共享汽车运营商负责提供保险、汽油、停车和维护费用，而参与者只需支付每次使用车辆的费用。

② 威尔科克森符号秩检验亦称威尔科克森符号代替的威尔科克森符号基础上发展起来的，比传统的单独正负号的检验更加有效。

附表 4

公共自行车[1]影响（限于数据收集期间的调查对象）

计划	作者/年份	项目位置	数据年份	年出行量	年出行距离（10⁶公里）	二氧化碳减排（千克/年）	之前/之后共享自行车占出行方式的比例（%）	调查受访者表示减少了经常驾驶的行为	车辆保有量变化（%）
BICING	(Reomero, 2008)[2]	西班牙巴塞罗那	2008				0.75/1.76		
蒙特利尔 BIXI	(Houle, 2011年) (Shaheen 等人，2012年)[3]	加拿大蒙特利尔	2011	4174917[4]				36.30	−3.60
多伦多 BIXI	(Shaheen 等人，2012年)[5]	加拿大多伦多	2012					25.40	−2.00
博尔德自行车	(博尔德自行车，2014年)[6]	美国博尔德	2014	43143		36560			
Capital 共享自行车	(Shaheen 等人，2012年)[7]	华盛顿特区	2012						
CITI BIKE	(Citi Bike，未标明日期)[8]	纽约州纽约市	2014	8231907	22.1	3513051		41.0	−2.10
丹佛自行车	(丹佛自行车，2014年)[9]	美国丹佛	2014	377229	1.3	674169			

[1] 共享自行车用户可以根据需要选择单程（点对点）或往返自行车共享服务。基于站点的自行车共享出租点通常无人看守，集中在城市环境中，并提供单程基于站点的租赁服务（可以将自行车返还到任何出租点）。无桩共享自行车服务的用户可以将自行车借出并将其返还到预定地理区域任何位置。共享自行车服务商提供取车和还车位置。大多数共享自行车运营商负责自行车维护、存储和停放的费用。一般来说，会员费内包括每次不低于30分钟的免费骑行时间。用户可以按照每年、每月、每天或每次欢迎的方式加入共享自行车机构。
[2] 样本量未知。
[3] 样本量：3322。
[4] 基于40000名会员和125831名临时用户的使用情况。
[5] 样本量：853。
[6] 基于1561名会员和9998名临时用户的使用情况。
[7] 样本量：5248。
[8] 样本量未知。
[9] 样本包括556名年度会员和15783名临时用户。

附录 A 表格

续上表

计划	作者/年份	项目位置	数据年份	年出行量	年出行距离（10⁶公里）	二氧化碳减排（千克/年）	之前/之后共享自行车占出行方式的比例（%）	调查受访者表示减少了经常驾驶的行为	车辆保有量变化（%）
杭州公共自行车计划	（杭州计划经理，未公布数据，2009年）[1]	中国杭州	2009	62780000	376.7	69715000			
HUBWAY	（Hinds, 2011年）[2]	美国波士顿	2011	140000					
麦迪逊自行车	（麦迪逊自行车2014年）[3]	美国麦迪逊	2014	104274	352620				
明尼苏达 NICE RIDE	（Shaheen 等人，2012年）[4]	美国明尼阿波利斯－圣保罗	2012					52.4%	-1.90%
圣安东尼奥自行车	（圣安东尼奥自行车，2013年）[5]	美国圣安东尼奥	2013	65560	610232	93691			
VÉLIB'	（《环球邮报》，2009年）（德梅约，2009年）	法国巴黎	2007—2009	2847000[6]			1%/2.5%	28%	
VELO'V	（Vogel 等人，2014年）（Bührmann, 2007年）	法国里昂	2011	6493427[7]					

注：* 约为 7% 的依靠汽车的出行由于本计划被自行车出行替代。

[1] 样本量未知。
[2] 样本量：3629。
[3] 样本包括 2622 名年度会员和 18651 名临时用户。
[4] 样本量：1238。
[5] 本包括 556 名年度会员和 15873 名临时用户。
[6] 基于大约 250000 名系统用户。
[7] 样本包括年度会员 4363500 次出行和临时用户 2129927 次出行。样本由大约 50000 年度会员组成。年度会员和临时用户的精确样本量未知。

附表 4 参考文献

B ü hrmann, S. (2007). New Seamless Mobility Services: Public Bicycles.

Boulder BCycle. (2014). 2014 Annual Report. https://boulder.bcycle.com/docs/librariesprovider35/default-document-library/b-cycle-annual-report-2014.pdf?sfvrsn=4

DeMaio, P. (2009). Bike-Sharing: History, Impacts, Models of Provision, and Future. Journal of Public Transportation 14-4: 41-56.

Denver BCycle. (2014). 2014 Annual Report. https://denver.bcycle.com/docs/librariesprovider34/default-document-library/annual-reports/2014-denver-bike-sharing-annual-report.pdf?sfvrsn=2

Hangzhou Program Manager, Unpublished Data, 2009.

Hinds, K. (2011). In Its First Season, Boston Bike Share Exceeds Projections; Will Expand Next Spring. http://www.wnyc.org/story/283407-in-its-first-season-boston-bike-share-exceeds-projections-will-expand-next-spring/

Houle, M-H. (2011). 4 174 917 déplacements en BIXI en 2011 – BIXI atteint le seuil des 40 000 membres. http://www.newswire.ca/fr/news-releases/4-174-917-deplacements-en-bixi-en-2011---bixi-atteint-le-seuil-des-40-000-membres-509107401.html

Madison BCycle. (2014). 2014 Season Overview. https://madison.bcycle.com/docs/librariesprovider19/default-document-library/2014-annual-report-madison-bcycle.pdf?sfvrsn=0

Romero, C. (2008). SpiCycles-in Barcelona. Presented at the Final Conference of the Chamber of Commerce & Industry of Romania, Bucharest, Romania.

San Antonio Office of Environmental Policy. San Antonio Bikes. Presented at the

Texas Trails and Active Transportation Conference, San Antonio, TX, February 1–3, 2012. http://www.slideshare.net/biketexas/BCycle-bike-share

Shaheen, S., Martin, E., Cohen, A., and Finson, R. (2012). Public Bikesharing in North America: Early Operator and User Understanding. Mineta Transportation Institute Report Number 11–26. The Globe and Mail. (2009). Paris's Pedal Power Sets Free Uncivilized Behaviour. http://www.theglobeandmail.com/news/world/pariss-pedal-power-sets-free-uncivilized-behaviour/article4276785/.

Vogel, M., Hamon, R., Lozenguez, G., Merchez, L., Abry, P., Barnier, J., Borgnat, P., Flandrin, P., Mallon, I., and Robardet, C. (2014). From bicycle sharing system movements to users: a typology of Vélo'v cyclists in Lyon based on large-scale behavioural dataset. Journal of Transport Geography. http://liris.cnrs.fr/Documents/Liris-6880.pdf.

共享出行 原则与实践

共享自行车[①]年度会员和临时用户种族统计表　　　　　附表 5

种族	年度成员（%）	临时用户*（%）	2010 年人口普查[②]
白种人	80	78.0	34.0
亚裔/太平洋岛屿裔	5.0	8.0	4.0
黑人/非洲裔美国人	2.0	5.0	50.0
西班牙裔	3.0	4.0	9.0
美国原住民	0.3	0.3	0.3
其他种族	4.0	3.0	3.0
未回答	6.0	2.0	

注：*临时用户为短期用户，即购买 30 天以内的会员。

附表 5 参考文献

Borecki, N., Buck, D., Chung, P., Happ, P., Kushner, N., Maher, T., Buehler, R. (2012). Virginia TechCapital Bikeshare Study. Blacksburg: Virginia Tech.

---

① 共享自行车用户可以根据需要选择单程（点对点）或往返自行车租赁服务。基于站点的自行车共享出租点通常无人看守，集中在城市环境中，并提供单程基于站点的租赁服务（可以将自行车返还到任何出租点）。巡游共享自行车服务的用户可以将自行车借出并将其返还到预定地理区域内任何位置。共享自行车服务商提供取车和还车位置。大多数共享自行车运营商负责自行车维护、存储和停放的费用。一般来说，会员费内包括每次不低于 30 分钟的免费骑行时间。用户可以选择按照每年、每月、每天或每次出行的方式加入共享自行车机构。

② 2010 年美国人口普查并未统计自行车用户。数据仅代表华盛顿哥伦比亚特区，而非大都市统计区。会员可能会包括哥伦比亚特区以外的一些用户。

附录 A 表格

附表 6 加拿大和美国调查城市年度/季度/30 天共享自行车[①]会员人数统计

参数	蒙特利尔 2011 年 NHS（%）	蒙特利尔 调查参与度（%）	多伦多 2011 年 NHS（%）	多伦多 调查参与度（%）	盐湖城 2012 年 ACS（%）	盐湖城 调查参与度（%）	明尼阿波利斯 圣保罗 2012 年 ACS（%）	明尼阿波利斯 圣保罗 调查参与度（%）
家庭收入（美元）								
<10000	9.0	5.0	6.0	2.0	12.0	0.0	11.0	5.0
10000~14999	6.0	4.0	4.0	1.0	7.0	3.0	5.0	3.0
15000~24999	14.0	8.0	10.0	3.0	13.0	3.0	11.0	5.0
25000~34999	12.0	9.0	9.0	3.0	11.0	3.0	10.0	6.0
35000~49999	17.0	14.0	14.0	6.0	12.0	10.0	14.0	12.0
50000~74999	17.0	21.0	18.0	20.0	17.0	31.0	16.0	19.0
75000~99999	10.0	13.0	13.0	16.0	11.0	20.0	12.0	16.0
100000~149999	9.0	16.0	13.0	23.0	10.0	17.0	12.0	18.0
>150000	5.0	9.0	13.0	26.0	8.0	13.0	8.0	17.0
教育程度								
高中以下	13.0	0.0	18.0	0.0	15.0	0.0	12.0	0.0
高中/普通教育水平	18.0	3.0	24.0	3.0	14.0	0.0	18.0	2.0
学徒训练计划	12.0	10.0	5.0	10.0	19.0	7.0	19.0	11.0
2 或 3 年学院毕业	22.0	32.0	20.0	40.0	7.0	4.0	7.0	3.0

[①] 共享自行车用户可以根据需要选择单程（点对点）或往返自行车租赁服务。基于站点的自行车共享出租点通常无人看守，集中在城市环境中，并提供单程基于站点的租赁服务（可以将自行车返还到任何出租点）。巡游共享自行车的用户可以将自行车借出并将其返还到预定地理区域内任何位置。共享自行车服务商提供取车和还车位置。大多数共享自行车运营商负责自行车维护、存储和停放的费用。一般来说，会员费内包括每次小于 30 分钟的免费骑行时间。用户可以选择按照每年、每月、每天或每次出行的方式加入共享自行车机构。

续上表

参数	蒙特利尔 2011年 NHS(%)	蒙特利尔 调查参与度(%)	多伦多 2011年 NHS(%)	多伦多 调查参与度(%)	盐湖城 2012年 ACS(%)	盐湖城 调查参与度(%)	明尼阿波利斯/圣保罗 2012年 ACS(%)	明尼阿波利斯/圣保罗 调查参与度(%)
大学学士	20.0	37.0	20.0	37.0	26.0	43.0	27.0	42.0
研究生学位	15.0	18.0	13.0	9.0	19.0	46.0	17.0	42.0
年龄								
16~24	12.0	11.0	12.0	7.0	20.0	9.0	21.0	6.0
25~34	21.0	43.0	19.0	42.0	28.0	39.0	26.0	31.0
35~44	18.0	23.0	18.0	23.0	17.0	19.0	16.0	28.0
45~54	17.0	14.0	19.0	18.0	13.0	17.0	15.0	23.0
55~64	14.0	8.0	14.0	7.0	11.0	13.0	12.0	8.0
65岁以上老人	19.0	1.0	18.0	2.0	12.0	2.0	10.0	4.0
种族								
白种人	68.0	90.0	51.0	74.0	64.0	89.0	62.0	92.0
非洲裔美国人	9.0	1.0	8.0	2.0	3.0	1.0	17.0	1.0
西班牙裔/拉丁裔	4.0	4.0	3.0	1.0	21.0	5.0	10.0	2.0
亚裔/太平洋岛屿裔	11.0	3.0	34.0	20.0	9.0	3.0	6.0	5.0
其他种族	7.0	2.0	4.0	4.0	3.0	1.0	5.0	0.0
性别								
男	49.0	50.0	48.0	70.0	51.0	66.0	50.0	55.0
女	51.0	50.0	52.0	30.0	49.0	34.0	50.0	45.0

注：NHS是指加拿大全国家庭调查。ACS是指美国国内社区调查。

附录 A 表格

在全国各地，调查共接受总计 N=6168 次完整调查。蒙特利尔调查样本为 N=1102，多伦多为 N=1015，明尼阿波利斯/圣保罗 N=630，盐湖城 N=72，墨西哥城 N=3349。所有共享自行车计划调查年度、季度和 30 天的用户。有关本研究方法的更多信息，请参阅 http://transweb.sjsu.edu/PDFs/research/1131-public-bikesharing-business-models-trends-impacts.pdf

附表 6 参考文献

Shaheen, S., Martin, E., Chan, N., Cohen, A., & Pogodzinski, M. (2014). Public Bikesharing in North America During A Period of Rapid Expansion: Understanding Business Models, Industry Trends and User Impacts. San Jose: Mineta Transportation Institute.

共享出行 原则与实践

墨西哥城共享自行车①会员人口统计　　　　　　附表7

参　数	2013年INEGI（%）	调查（%）
年　龄		
16~24	27.0	11.0
25~34	22.0	47.0
35~44	20.0	26.0
45~54	14.0	10.0
55~64	9.0	4.0
>65	9.0	1.0
教育程度		
高中以下	45.0	1.0
高中二年级	25.0	4.0
技工（美国无同等学力）	1.0	4.0
高工（专科）	28.0	90.0
未报告		
性　别		
男	48.0	65.0
女	52.0	35.0
每月家庭收入		
低于125美元	13.0	3.0
126~251美元	21.0	4.0
252~377美元	19.0	5.0
378~628美元	16.0	15.0
629美元以上	11.0	49.0
未报告	21.0	24.0

注：INEGI为墨西哥国家统计地理研究所，是负责统计地理信息的墨西哥政府机构。

---

① 共享自行车用户可以根据需要选择单程（点对点）或往返自行车租赁服务。基于站点的自行车共享出租点通常无人看守，集中在城市环境中，并提供单程基于站点的租赁服务（可以将自行车返还到任何出租点）。巡游共享自行车服务的用户可以将自行车借出并将其返还到预定地理区域内任何位置。共享自行车服务商提供取车和还车位置。大多数共享自行车运营商负责自行车维护、存储和停放的费用。一般来说，会员费内包括每次不低于30分钟的免费骑行时间。用户可以选择按照每年、每月、每天或每次出行的方式加入共享自行车机构。

附表 7 参考文献

Shaheen, S., Martin, E., Chan, N., Cohen, A., & Pogodzinski, M. (2014). Public Bikesharing in North America During A Period of Rapid Expansion: Understanding Business Models, Industry Trends and User Impacts. San Jose: Mineta Transportation Institute.

共享出行 原则与实践

调查问题：由于我使用共享自行车，我驾驶个人车辆（例如汽车、越野车等）变得……

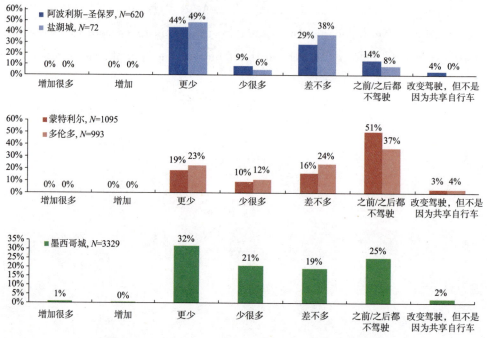

附图1 从个人驾驶汽车出行转至使用共享自行车[①]出行的统计

附图1 参考文献

Shaheen, S., Martin, E., Chan, N., Cohen, A., & Pogodzinski, M. (2014). Public Bikesharing in North America During A Period of Rapid Expansion: Understanding Business Models, Industry Trends and User Impacts. San Jose: Mineta Transportation Institute。

---

① 共享自行车用户可以根据需要选择单程（点对点）或往返自行车租赁服务。基于站点的自行车共享出租点通常无人看守，集中在城市环境中，并提供单程基于站点的租赁服务（可以将自行车返还到任何出租点）。巡游共享自行车服务的用户可以将自行车借出并将其返还到预定地理区域内任何位置。共享自行车服务商提供取车和还车位置。大多数共享自行车运营商负责自行车维护、存储和停放的费用。一般来说，会员费内包括每次不低于30分钟的免费骑行时间。用户可以选择按照每年、每月、每天或每次出行的方式加入共享自行车机构。

附录A 表格

附表8 旧金山网约车用户调查①统计

年龄	网约车使用者人数	占比（%）a	出租汽车占比（%）a	SF（%）b
15~24	50	16	3.0	11.0
25~34	178	57	43.0	22.0
35~44	59	19	27.0	16.0
45~54	20	6	13.0	14.0
55~64	3	1	9.0	12.0
65~74	0	0	4.0	7.0
>75	0	0	2.0	7.0
样本总量	310			

2013年家庭收入（美元）②	网约车使用者人数	占比（%）a	SF（%）b
3万美元以下	28	9	26.0
3万~7万美元	74	23	22.0
7.1万~10万美元	56	18	13.0
10万~20万美元	86	27	25.0
20万美元以上	35	11	13.0
（拒绝回应）	37	12	不适用
样本总量	316		

性别	网约车使用者人数	占比（%）a	出租车占比（%）a	SF（%）b
女	124	40	n/a	49.0
男	184	60	n/a	51.0
样本总量	308			

教育程度③	网约车使用者人数	占比（%）a	SF（%）b
低于学士学历	51	16	46.0
学士学历	173	54	33.0
研究生学历（硕士/博士）	87	27	21.0
其他学历	10	3	不适用
样本总量	321		

资料来源：a 2013年旧金山市交通运输局出租汽车用户调查。
b 2012年ACS为期一年的估计。

① 网约车服务，即提供预先安排以及按需交通运输服务，通过智能手机应用程序用来预订、评级（针对驾驶员和乘客）以及电子支付，并将驾驶员与乘客联系起来。这些服务可以通过各类型车辆提供，包括轿车、运动型多用途车、带汽车安全座椅的车辆，轮椅无障碍车辆以及可以提供老年或残疾乘客帮助服务的车辆。
② 出租汽车用户相应的数据未知。
③ 出租汽车用户相应的数据未知。

该项研究于 2014 年 5 月和 6 月对旧金山网约车客户进行了访问调查。调查员针对两类潜在受访者：那些刚刚结束网约车行程的人员以及在过去两周内曾经使用过网约车的那些人员。两种类型的人员对相同的调查都作出了回应。

附表 8 参考文献

Rayle, L., Dai, D., Chan, N., Cervero, R., and Shaheen, S. (2016). "Just A Better Taxi? A Survey-Based Comparison of Taxis, Transit, and Ridesourcing Services in San Francisco," Transport Policy, Volume 45, pp. 168–178.

附录A 表格

附表9 当网约车(uberX/Lyft/Sidecar)[①]不可用情况下受访者出行方式选择偏好统计

	占受访者总数的比重	你家有车吗?	
		有	无
出租汽车	39%	41%	35%
公交汽车	24%	17%	33%
轨道交通(湾区捷运、有轨电车、加州火车)	9%	7%	10%
步行	8%	9%	6%
自行车	2%	2%	3%
驾驶私家车	6%	10%	0%
乘坐朋友/家人的车	1%	1%	2%
其他*	11%	12%	10%
样本数	302	175	124
总计	100%	100%	100%

注:*"其他"包括几个回应,表明受访者将使用其他网约车服务。

该项研究于2014年5月和6月对旧金山网约车客户进行了调查。调查员针对两类潜在受访者:那些刚刚结束网约车行程的人员以及在过去两周内曾经使用过网约车的那些人员。两种类型的人员对相同的调查都作出了回应。

附表9 参考文献

Rayle, L., Dai, D., Chan, N., Cervero, R., and Shaheen, S. (2016). "Just A Better Taxi? A Survey-Based Comparison of Taxis, Transit, and Ridesourcing Services in San Francisco," Transport Policy, Volume 45, pp. 168–178.

[①] 网约车服务,即提供预先安排以及按需交通运输服务,通过智能手机应用程序用来预订、评级(针对驾驶员和乘客)以及电子支付,并将驾驶员与乘客联系起来。这些服务可以通过各类型车辆提供,包括轿车、运动型多用途车、带汽车安全座椅的车辆、轮椅无障碍车辆以及可以提供老年或残疾乘客帮助服务的车辆。

旧金山网约车[①]和出租汽车出行时间   附表 10

参 数	网约车行程	出租汽车行程
公共交通的平均总时间（等候+出行）	32.5 分钟	31.0 分钟
网约车/出租汽车的平均总时间（等候+出行）	22.1 分钟	23.7 分钟
通过公共交通出行的路程时间至少比网约车/出租汽车出行多 50% 以上	86%	88%
通过公共交通出行的路程时间为网约车/出租汽车出行的 2 倍以上	66%	61%
样本量	283	277

该项研究于 2014 年 5 月和 6 月对旧金山网约车客户进行了截取调查。调查员针对两类潜在受访者：那些刚刚结束网约车行程的人员（"拦截行程"）以及在过去两周内曾经使用过网约车的那些人员（"先前行程"）。两种类型的人员对相同的调查都作出了回应。

附表 10 参考文献

Rayle, L., Dai, D., Chan, N., Cervero, R., and Shaheen, S. (2016)."Just A Better Taxi? A Survey-Based Comparison of Taxis, Transit, and Ridesourcing Services in San Francisco," Transport Policy, Volume 45, pp. 168–178。

[①] 网约车服务，即提供预先安排以及按需交通运输服务，通过智能手机应用程序用来预订、评级（针对驾驶员和乘客）以及电子支付，并将驾驶员与乘客联系起来。这些服务可以通过各类型车辆提供，包括轿车、运动型多用途车、带汽车安全座椅的车辆、轮椅无障碍车辆以及可以提供老年或残疾乘客帮助服务的车辆。

附录 B　词汇表

替代公交服务：替代公交服务分类范畴很广，包括班车（共享车辆将乘客与交通或就业中心连接起来）、辅助交通以及私营部门交通解决方案，即通常称为微型公交。微公交服务可以包括固定线路或灵活线路服务，同时提供固定时间表或按需服务。在最灵活的方式下（灵活路线、时间安排或两者兼而有之），可以将微型公交和辅助客运归类在已知的"灵活交通服务"一类下面。

共享自行车：用户根据需要为单程（点对点）或往返使用来获取自行车。站点式的自行车共享出租点通常无人看守，集中在城市环境中，并提供基于站点单程租车服务（自行车可以被返还到任何租车亭）。无桩共享自行车为用户提供获取自行车并将其返还到预定地理区域内任何位置的服务。共享自行车提供各种取车和还车位置。大多数共享自行车运营商负责自行车维护、存储和停放的费用。一般来说，会员费内包括不低于每次30分钟的免费骑行时间。用户可以通过每年、每月、每天或每次的方式加入共享自行车项目。

汽车租赁：非会员类的，通常以一天或一周为计价单位的租赁汽车或轻型货车服务。传统租车服务包括需要与租车服务人员进行个人交易的店面。然而，租车也可能使用"虚拟店面"，类似于汽车共享，允许无人值守的车辆存取。

共享汽车：在计划中，个人拥有车辆临时使用权无须支付购买费用和相应的购买责任。通常情况下个人通过加入一个组织来存取车辆，该组织负责维护部署在社区、公共交通站点、就业中心和内的车辆及轻型货车。通常情况下，汽车共享运营商负责提供保险、汽油、停放以及维护。一般来说，参与者在每次使用车辆时都需要支付费用。

共享出行 原则与实践

封闭校园共享自行车：封闭校园共享自行车系统越来越多地部署在大学和办公地。这些封闭式校园系统仅适用于所服务的特定校园社区。

快递网络服务（CNS）：快递网络服务也被称作灵活货物配送。它们通过在线应用程序或平台（例如网站或智能手机 APP）支付获取出租配送服务，以便通过使用其私人车辆、自行车或摩托车将快递员与货物（例如包裹、食物）联系起来。

电召 APP：APP 将出租汽车或三轮车驾驶员与乘客连接起来电子网约车的智能手机。

高科技公司班车：雇主赞助的班车，即在郊区工作场所和公共交通站之间接送员工。

微公交：即一种私有和运营的共享出行运输系统，用以提供固定路线和服务时间、实现灵活路线和按需调度。车辆通常包括轻型客车和公交汽车。

固定路线和固定时间表的微公交：对固定路线和固定时间表微公交，车辆的路线和到达/离开时间相对固定。然而，路线的安排通常反映"服务群体"（即用户可以在技术支持平台上输入起点—目的地点，平台则通知运营商开行的路线）。这类微公交模式最接近公共交通工具。

灵活路线和服务时间按需的微公交：用户可以通过技术支持应用程序来实时请求共享轻型客车或公交汽车服务，并且车辆可以根据用户要求在步行距离范围以内进行路线调整。这些服务在路线和时间方面是动态的，即可根据交通状况和需求动态调整路线。

灵活公交服务：包括电话叫车和班车服务（也称作辅助公交客运系统），以补充固定路线公交汽车和轨道交通服务。灵活公交服务包括以下特征：1）路线

附录 B 词汇表

调整（车辆可以在一个区域内出现调整，以满足需求响应请求）；2）点调整（提供需求响应服务，车辆服务范围包括有限数量的停靠点，而不一定需要固定路线）；3）需求响应服务（车具有一个或多个固定线路提供服务）；4）按请求停车（乘客可以沿着预定义路线要求随时靠站停车）；5）灵活路段服务（在固定路线段内可以进行需求响应服务）；6）区域路线（车辆在需求响应模式下沿着路线走廊运行，在一个或多个端点处出发和到达）。

部分所有权：共享汽车中，多人分租或订购由第三方拥有的一辆车。

豪华轿车和电召出租汽车：通过预订豪华轿车提供运输服务，由受雇驾驶员来驾驶。

单程共享汽车：即共享汽车的一种形式，使成员能够在一个位置处取走汽车，并将其停放在另一位置。这也被称作点对点汽车共享服务。单程共享汽车可以基于车站或巡游取车。

按需配对客运和快递服务：即一种快递网络服务模式，其中可以通过租用乘车服务（例如网约车或载客三轮车）以单一目的或混合目的出行的方式来运送包裹/物品以及食物。

载客三轮车：小贩提供的进行出租服务的三轮车，通过具有三个或多个车轮的乘客舱内来运送乘客。

个人对个人（P2P）取车模式：获得私家车或其他低速交通工具，用个人或 P2P 公司成员共享使用。一般在存取期间由 P2P 组织提供诸如保险之类的支出。运营者可以收取部分使用费。成员通过直接钥匙交换或者通过运营商安装技术从而提供的"无人值岗，立刻取车"服务来获取车辆。

个人对个人（P2P）共享汽车：获得私家车或其他低速交通工具，用以供个人或P2P公司成员共享使用。一般在存取期间由P2P组织提供诸如保险之类的支出。运营者可以收取部分使用费。成员通过直接钥匙交换或者通过运营商安装技术从而提供的"无人值岗，立刻取车"服务来获取车辆。

个人对个人（P2P）市场： P2P市场可以通过互联网在个人之间进行直接交流。通常情况下由交易各方来决定条款，并且争议在私下解决。

个人车辆共享（PVS）： 在私家车辆共享中，公司通过提供交换所需的组织资源（比如在线平台、客服、驾驶员和机动车辆安全认证、汽车保险以及技术），从而完成汽车车主和租赁者之间的交易。

个人对个人（P2P）自行车共享： P2P自行车共享是一种系统，即用户可以将其私家自行车出租给别人。Spinlister（以前称作Liquid）是北美的一个P2P自行车共享系统。另一家公司Bitlock提供无钥匙蓝牙自行车锁服务，从而实现个人使用或P2P共享。

个人对个人（P2P）快递服务： 一种快递网络服务，任何注册的人都可以使用私家车辆或自行车来进行交付。

网约车： 提供预先安排以及按需交通运输服务，通过智能手机应用程序用来预订、评级（针对驾驶员和乘客）以及电子支付，并将驾驶员与乘客联系起来。这些服务可以通过各类型车辆提供，包括轿车、运动型多用途车、带汽车安全座椅的车辆、轮椅无障碍车辆以及可以提供老年或残疾乘客帮助服务的车辆。

合乘出行： 网约车的一种形式，即具有相似起点和目的地的乘客与同一网约车驾驶员和车辆实时配对，并且在用户之间对乘坐和成本进行分摊。

往返共享汽车： 允许会员存取共享车辆，使用后必须退回到到同一地点。根据运营商规定，用户可以选择各种车辆，包括轿车、轻型客车、运动型多功能车、

附录 B 词汇表

插电式混合动力车以及全电动车。

共享摩托车：用户可获得私人摩托车，并无须支付购买成本和相应责任。个人通常通过加入在各个地点摩托车队的组织来存取摩托车。通常情况下，摩托车运营商负责提供汽油、停放以及维护。一般来说，参与者每次使用摩托车时都需要支付费用。它们可以是往返、单程。

临时搭车：用于描述陌生人之间的临时合乘出行的术语。在临时搭车的情况下，乘客通常在"搭车线"内排队，并且由不熟悉的驾驶员载走，这些驾驶员可以使用 HOV 车道，减少支过路费等。

出租汽车：这是一种租用车辆服务，由一名驾驶员载乘一名或多名乘客。出租汽车服务可以根据预先安排或者按需要求来提供。可以通过出租汽车公司或第三方供应商维护的街道打车、电话运营商打车或网约互联网打车。

厢式客车合乘：7~15 名乘客分担厢式客车的租车费用和运营成本，并可能分担驾驶的责任。

致　谢

美国联邦公路管理局感谢下列专家和从业者在美国交通运输部总部举行的为期一天的研讨会过程中，为本研究提供了宝贵的专业知识：

- ◆　Sandra Brecher（马里兰州蒙哥马利郡）；
- ◆　Darren Buck（华盛顿特区交通运输部）；
- ◆　Matthew Daus（国际运输管理机构）；
- ◆　Bill Dossett（北美共享自行车协会）；
- ◆　Kiersten Grove（西雅图交通运输局）；
- ◆　Art Guzzetti（美国公共交通运输协会）；
- ◆　Matthew Lesh（Noblis 公司）；
- ◆　Sean Mackin（丹佛公共工程交通）；
- ◆　Douglas Noble（美国交通工程师协会）；
- ◆　Timothy Papandreou（旧金山市交通运输局）；
- ◆　Alan Woodland（共享汽车协会）。